# "山西八大文化品牌"丛书
## 编 委 会

主　　任：胡苏平
编　　委：杨　波　李高山　李福明　郭玉福　郭　健　杜学文
　　　　　刘英魁　尹天五　胡励耘　王宇鸿　卢　昆　李广洁
　　　　　王淑敏　王舒袖　吕芮宏　武献民　渠传福　王梦辉
　　　　　梁申威　谢一兵　王招宇　谢振中
总 策 划：杜学文
丛书主编：卢　昆
丛书副主编：武献民　王梦辉　梁申威　谢一兵
图片作者：（按姓氏笔画排列）
　　　　　王　慷　王修筑　王计汝　王　军　吕雁军　朱正明
　　　　　任志明　李广洁　李　颖　佟永江　张志强　吴　杰
　　　　　杨小川　周祝英　柏学玲　郝文霞　侯　霆　饶二保
　　　　　祝振英　侯丕烈　梁　铭　韩贵福　樊文珍
照片提供：中共山西省委宣传部　中共太原市委宣传部
　　　　　中共大同市委宣传部　中共朔州市委宣传部
　　　　　中共忻州市委宣传部　中共吕梁市委宣传部
　　　　　中共晋中市委宣传部　中共阳泉市委宣传部
　　　　　中共长治市委宣传部　中共晋城市委宣传部
　　　　　中共临汾市委宣传部　中共运城市委宣传部
　　　　　山西博物院　山西省文物资料信息中心
　　　　　山西画报社
地图设计：谢一兵

本册作者：古　熙

编委会主任　胡苏平　　丛书主编　卢　昆

## "山西八大文化品牌"丛书

# 关公故里

古　熙　著

山西出版传媒集团　山西人民出版社

# 序

山西省委常委、宣传部长　胡苏平

"山西八大文化品牌"丛书就要同大家见面了。这套丛书是应广大读者的愿望,在《山西八大文化品牌》基础上改版而成的,旨在让读者更方便地阅读、研究和使用,进而更好地发挥其作用。

党的十八大以来,党中央高度重视弘扬中华优秀传统文化。习近平总书记深刻指出,没有中华文化繁荣兴盛,就没有中华民族伟大复兴。要求系统梳理传统文化资源,让收藏在禁宫里的文物、陈列在广阔大地上的遗产、书写在古籍里的文字都活起来。山西省委、省政府和各级宣传文化部门,以高度的文化自觉和文化自信,深入挖掘研究、宣传推介以"三个一"(即一座都城——襄汾约4500年前的陶寺遗址,一堆圣火——芮城约180万年前的西侯度文化遗址,一缕曙光——垣曲约4500万年前的"世纪曙猿"化石)和"三个文化"(即源远流长的法治文化,博大精深的廉政文化,光耀千秋的红色文化)为代表的优秀传统文化,推出了一批有价值、有影响的成果。在已有成果的基础上,编辑出版"山西八大文化品牌"丛书就是其中一项重要的工作。

山西历史悠久,人文荟萃,是华夏文明的重要发祥地。在五千年的历史变迁中,山西积淀生成了非常丰厚的文化资源。这些资源,是哺育和激励一代又一代山西人奋力前行的宝贵财富。如何挖掘、梳理这些宝贵财富,提炼出有代表性、有影响力的文化符号,并逐渐塑造成文化品牌,是我们在推动文化旅游产业发展和文化强省建设中,迫切需要解决的重大课题。"山西八大文化品牌"丛书在这方面进行了富有价值的思考和探索，做出了积极的贡献。全书从山西文化的特色和亮点切入，重点对华夏之根、黄河之魂、晋商家园、关公故里、佛教圣地、古建瑰宝、边塞风情和抗战文化等八大文化品牌，进行了比较系统的研究，并着眼于山西全面建成小康社会决胜阶段改革发展和文化建设的实际，提出了将这些资源优势转化为发展优势的有益建议。可以说，这套丛书为读者深层次地了解、认识山西文化打开了一条便捷的通道，也为发掘展示、传承弘扬山西优秀传统文化，树立山西的良好形象，提供了翔实的资料。总体来看，这套丛书推介的八大文化品牌，都具有比较鲜明的特色：一是独特性。它们体现了独具特色的文化内涵，有的甚至在人类文明的发展进程中是独领风骚、不可或缺的，其文化品格不同凡响、不可替代；二是地域性。这些文化形态是在三晋这块古老的土地上形成、发展、光大的，具有鲜明的地域文化色彩；三是丰富性。其表现形态，既体现在文化遗产存留的物质载体中，更体现在形式多样的非物质文化遗产中；既具有品质卓绝的物质遗存，更具有非常生动的精神文化内涵；不仅是对人类文明发展进程的历史性呈现与记录，同时也对当今时代具有非常重要的现实意义。

文化建设，功在当代，利在千秋。传承弘扬优秀传统文化，任重而道远。衷心希望社会各界有识之士，加入到山西优秀传统文化的发掘、研究中来，推出更多有深度、有分量的成果，为山西文化、中华文化的繁荣兴盛作贡献。

# 目 录

山西省政区交通图 …………………………………… 001
山西省地形图 ………………………………………… 002

## 品牌定位

关公是与文圣孔子并称的武圣 ……………………… 008
关公因道德象征尊为全能之神 ……………………… 015
关公堪称四海共仰、五洲同尊 ……………………… 020
关公故里有关庙之祖武庙之冠 ……………………… 025

## 品牌内涵

忠义的化身感人肺腑 ………………………………… 032
仁勇的楷模令人钦仰 ………………………………… 038
智信的典范发人深省 ………………………………… 043
道德的象征催人奋进 ………………………………… 048

## 品牌亮点

祖德隆馨的常平关庙……………………………054

武庙之冠的解州关庙……………………………068

风雨竹图寓忠贞……………………………………089

庙会节庆乐传承……………………………………090

金秋大祭开景运……………………………………092

纵横三晋的著名关庙……………………………094

全国各地的重要关庙……………………………101

独具特色的会馆关庙……………………………119

编后语………………………………………………129

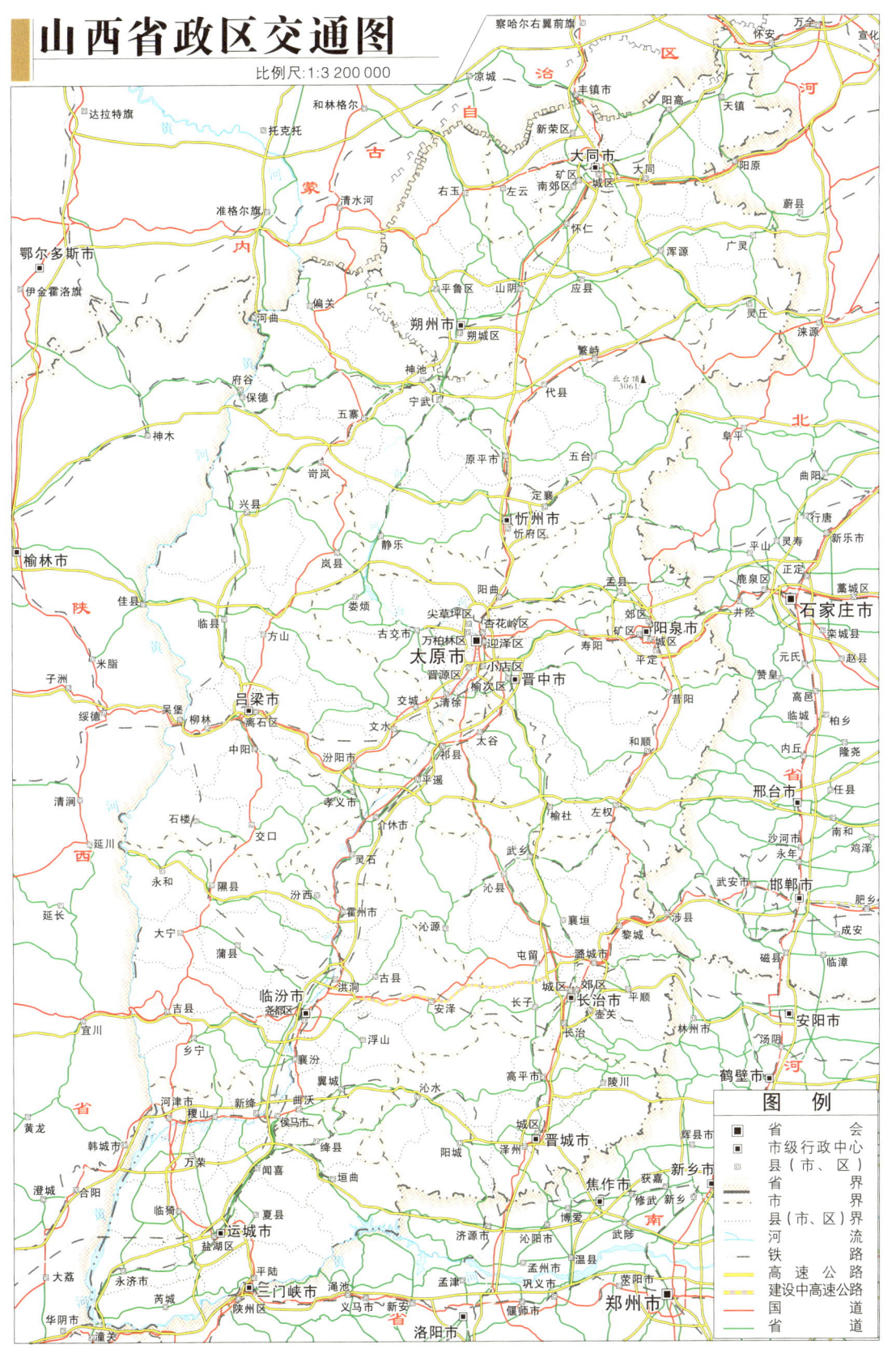

# 山西省地形图

比例尺:1:3 200 000

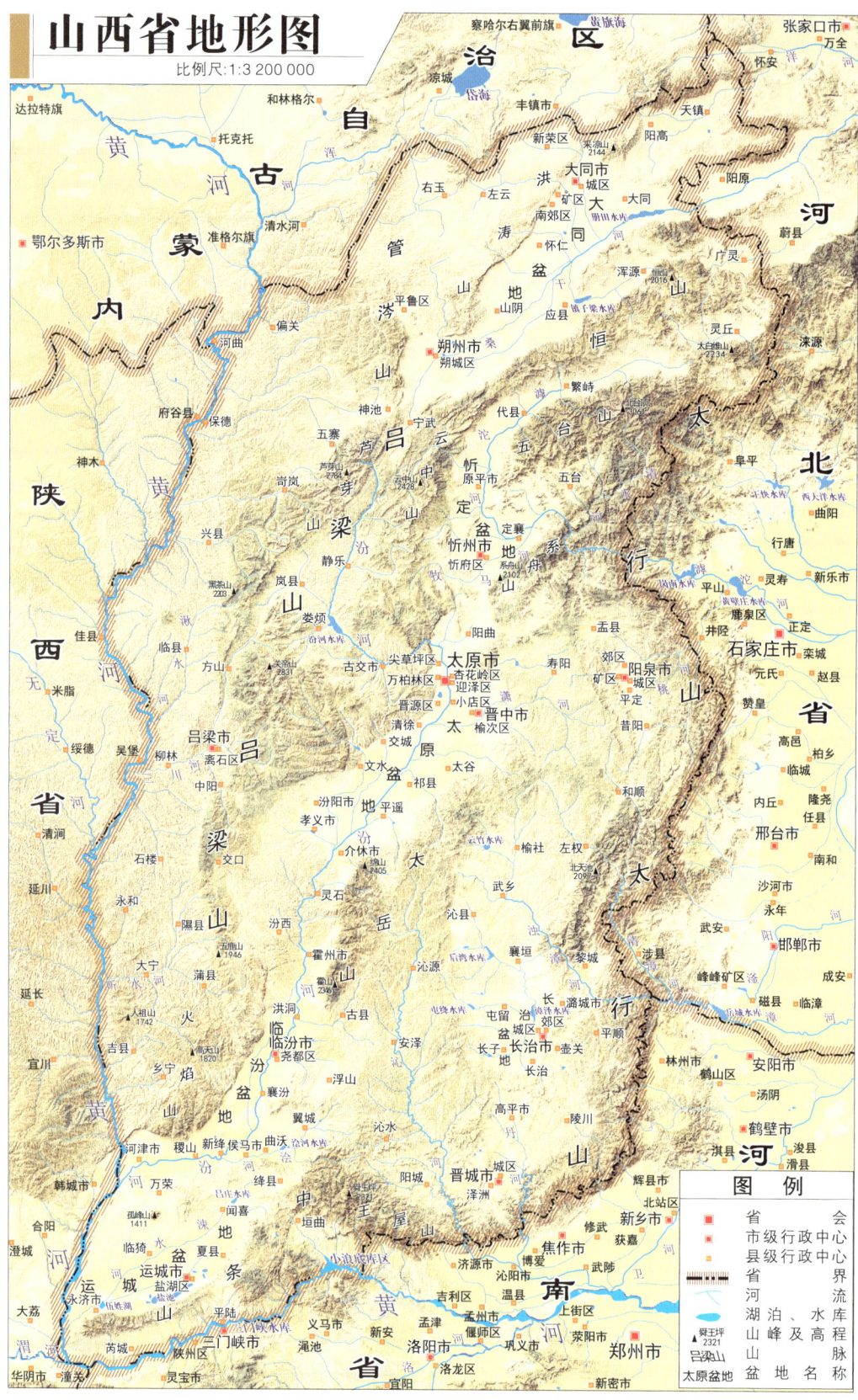

关羽(160—220),初名长生,后改名羽,字云长,河东解州(今属运城盐湖区)常平村人。东汉末因嫉恶如仇、怒杀恶霸而被迫出走,数年后在涿郡(今河北涿州)与张飞从刘备起兵,三人义结桃园,情同手足。献帝建安五年(200),曹操东征,刘备败而投袁绍,关羽在下邳(今江苏睢宁西北)为曹所获,授偏将军之职,礼遇优渥,曹想使其归顺。官渡之战,出任曹军先锋,斩杀袁绍大将颜良,解白马之围,晋封汉寿亭侯。得知刘备下落后,毅然辞曹而归。建安十三年(208),刘备与孙权联合,于赤壁大败曹操,关羽出任襄阳(今

属湖北)太守,督荆州事,后又拜为前将军。建安二十四年(219),曾率部围攻曹操部将曹仁于樊城,并大破于禁所领七军,迫使曹操一度拟迁都,以避其锋芒。同年,孙权用吕蒙计,趁关羽出战导致后备空虚,袭取荆州。关羽败走麦城(在今湖北当阳)而遇害。初谥忠义侯,后谥壮缪侯。"关公"是对关羽的尊称。

关羽的一生可谓是:忠肝义胆仁勇信,叱咤风云建殊勋,壮志未酬诚悲壮,堪称人杰真英雄。逝去的关羽,写完了自己的历史;忠义的关羽,走进了不朽的历史。他因"精忠贯日,义勇参天"的品节,被儒、释、道三教一并尊奉,同时也为历代封建统治者所推崇,进行愈显愈隆的不断追封,以至"侯而王,王而帝,帝而圣,圣而天,褒封不尽,庙祀无垠"。加之自宋以来小说、戏曲、史书等的诸多宣扬,关羽的形象愈发深入人心,关羽的影响逐渐遍及全球。在中国国家图书馆善本部,珍藏有迄今发现最早由西方出版的《世界地图册》。清世祖顺治十二年(1655),欧洲传教士马丁·马荻尼绘制出了这套世界地图册,荷兰阿姆斯特丹的一家出版社将其出版。这套地图册有个特别显著的特征,那就是在每个国家的地图册页上,绘有堪称这个国家代表人物的画像,《中国新图》上所绘人物即关羽。这充分说明了关羽早就成为具有品牌效应的标识。山西作为关羽的老家,将"关公故里"定为文化品牌,是准确无疑而有意义的。

# "关公故里"文化遗存分布

比例尺:1:3 200 000

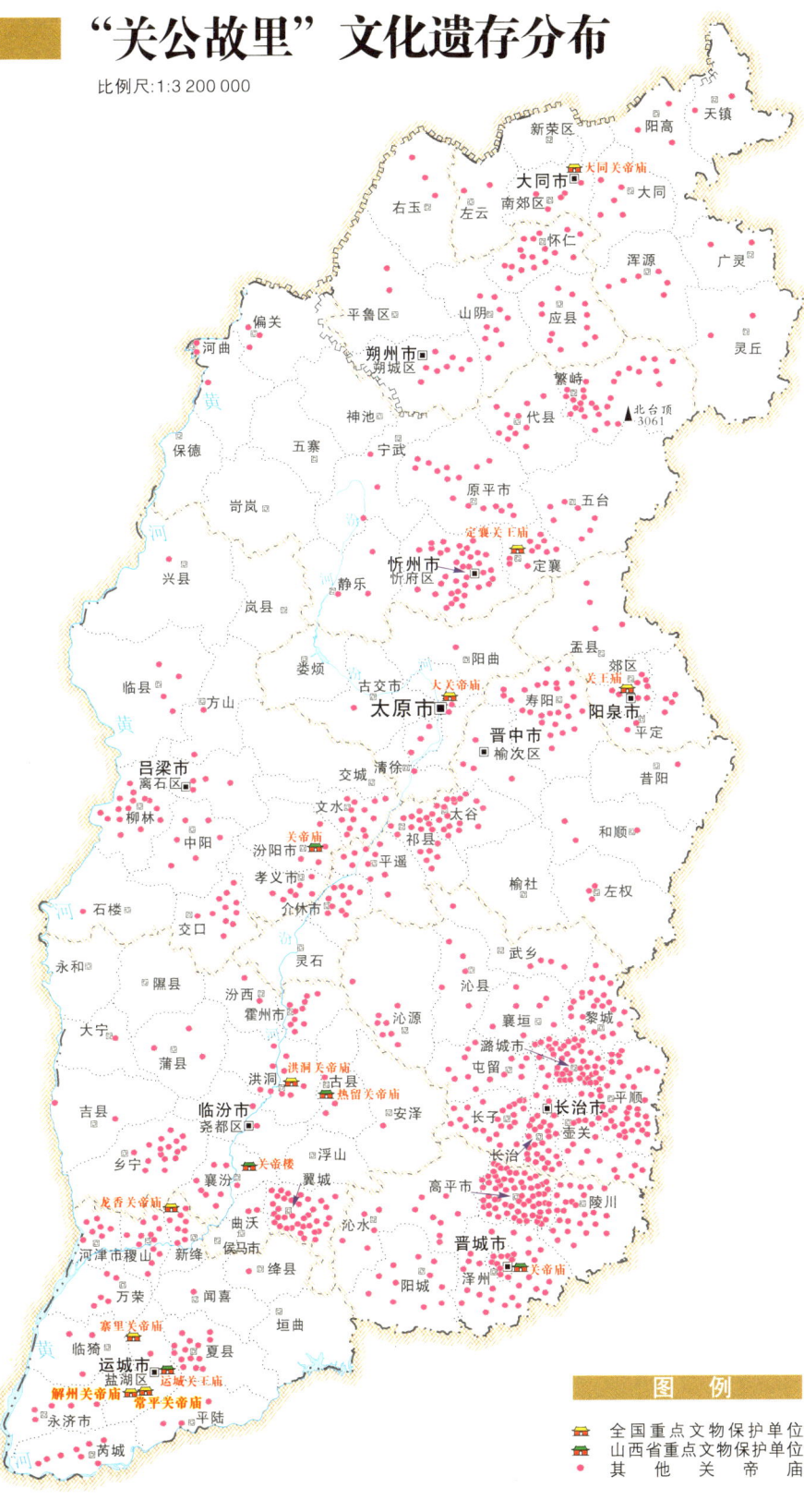

## 品牌定位
PINPAIDINGWEI

## 关公是与文圣孔子并称的武圣

孔子,名丘,字仲尼,生于周灵王二十一年(前551),死于周敬王四十二年(前479)。孔子是一位伟大的思想家、教育家、政治家。他提出了以"仁"为核心的完整的、系统的思想体系,创建了儒家学派。在秦统一中国之前,孔子及其儒家思想并没有受到

关帝始祖彩塑像

统治阶级的特别重视，仅仅是先秦百家争鸣中的一个学派。汉代以后，孔子及其儒学的地位发生了明显的变化，执政的统治者接受了秦王朝灭亡的教训，采纳了董仲舒的建议，罢黜百家，独尊儒学，自此儒学成为中国封建社会近两千年的统治思想。关羽生于东汉末年，自幼所受教育便是孔子所创之儒学。其祖父关审做过当地的蒙师，静心学问，热心授徒，专心教子，极有名望。虽然关羽在祖父去世三年后才出生，未能当面聆听祖父的教诲，但家学心传，对关

关羽祖父彩塑像

羽还是有很大影响的。尤其是祖父关审毕生专攻孔子所著之《春秋》，在关羽父亲关毅手中得到进一步的传承。关毅以此作为关羽蒙学起步的主要内容，通过认真传授和严格要求对关羽寄予了极大的期望。再有，关羽的先祖关龙逄是中国历史上为天下苍生犯颜直谏而死的第一位重臣，而忠心救主、不图回报的介子推，舍生取义、以死相酬的豫让，又是距关羽家乡不远的充满侠肝义胆的河东名人。正是始祖的血脉遗传，家庭的教育熏陶，名士的浸润濡染，使关羽获取了精神的营养，找到了效仿的榜样，逐渐成长为叱咤风云的英雄，精忠贯日的楷模。

  关羽去世后，初始的好评侧重于其勇武，或言其"勇冠三军"，或赞其"万人之敌"，或誉其"熊虎之将"，或颂其"威震华夏"等。不过，早在西晋陈寿《三国志·蜀书·关羽传》中，就已强调关羽有着"随先主周旋，不避艰险"，"誓以共死，不可背之"的可贵品节。所以北魏拓跋宏在《与曹虎书》中曰："卿进无陈平归汉之智，退阙关羽殉节之忠。"唐初礼部尚书虞世南在《鸟磁鼎铭》中这样评价关羽："心耿耿，义烈烈，伟丈夫，真豪杰，备纲常，古今绝。"将关羽的勇武与忠义相联系，即"气盖世，勇而强；身归汉，义益彰"（宋黄茂才《武安王赞》）。接下来，又在关羽的"武略"上饰以"文韬"，明文徵明《题圣像》诗："有文无武不威如，有武无文不丈夫。谁似将军文而武，战袍不脱夜观书。"所云"夜观"之"书"，即孔子所著《春秋》。孟子曾言："孔子成《春秋》，而乱臣贼子惧。"极大地肯定了此书的经世功能，并将《春秋》与《诗》、《书》、《礼》、《易》合而定为"五经"。

"独尊儒术"的董仲舒也明确声称:"《春秋》大一统者,天地之常经,古今之通谊也。"(《汉书·董仲舒传》)理学大师朱熹与其弟子的讲谈录《朱子语类》也云:"《春秋》大旨,其可见者:诛乱臣,讨贼子,内中国,外夷狄,贵王贱伯而已。"早在《三国志·蜀书·关羽传》裴松之注中,就指明"(关)羽好《(春秋)左氏传》,讽诵略皆上口"。《春秋左氏传》也称《左氏春秋》,简称《左传》,是与孔子同期的鲁国史学家左丘明根据《春秋》条目,用事实解释《春秋》的一部重要著作。完全用义理解释《春秋》的则是《公羊传》和《穀梁传》。故《三国志·吴书·鲁肃传》注引《江表传》,有吕蒙对鲁肃说"斯人(关羽)长而好学,读《左传》略皆上口"之语。这就说明,关羽读《春秋》,旨在明"大义";读《春秋左氏传》,又重在知兵法谋略。关羽皆因《春秋》而与孔子产生了关联。明赵钦舜《谒解州庙》诗:"偏向孤城轻一死,不虚平日看春秋。"明钱福《东光关帝庙碑记》谓:"史称其(关羽)好读《左氏春秋传》,其得力学问亦自有不可诬者。"明徐渭《蜀汉关侯祠记》称:"蜀汉前将军关侯之神与吾孔子之道,并行于天下。"清张鹏翮《关帝像赞》曰:"义存汉室,致主以忠。《春秋》之旨,独得其宗。"又在《关夫子志序》中说:"侯虽未登洙泗之堂,而刚直之气,忠义之概,暗与(孔子之)道合。"清年遐龄《重修当阳汉寿亭侯关夫子庙碑记》也云:"自孟子而下读《春秋》者不乏人,而能于《春秋》大义见诸行事之实者,唯(关)侯一人而已。"这也正是官方关庙几乎都有"春秋殿"或"春秋亭"之类建筑的缘故,关羽造像也每每因此而塑为持髯读《春秋》之形象。

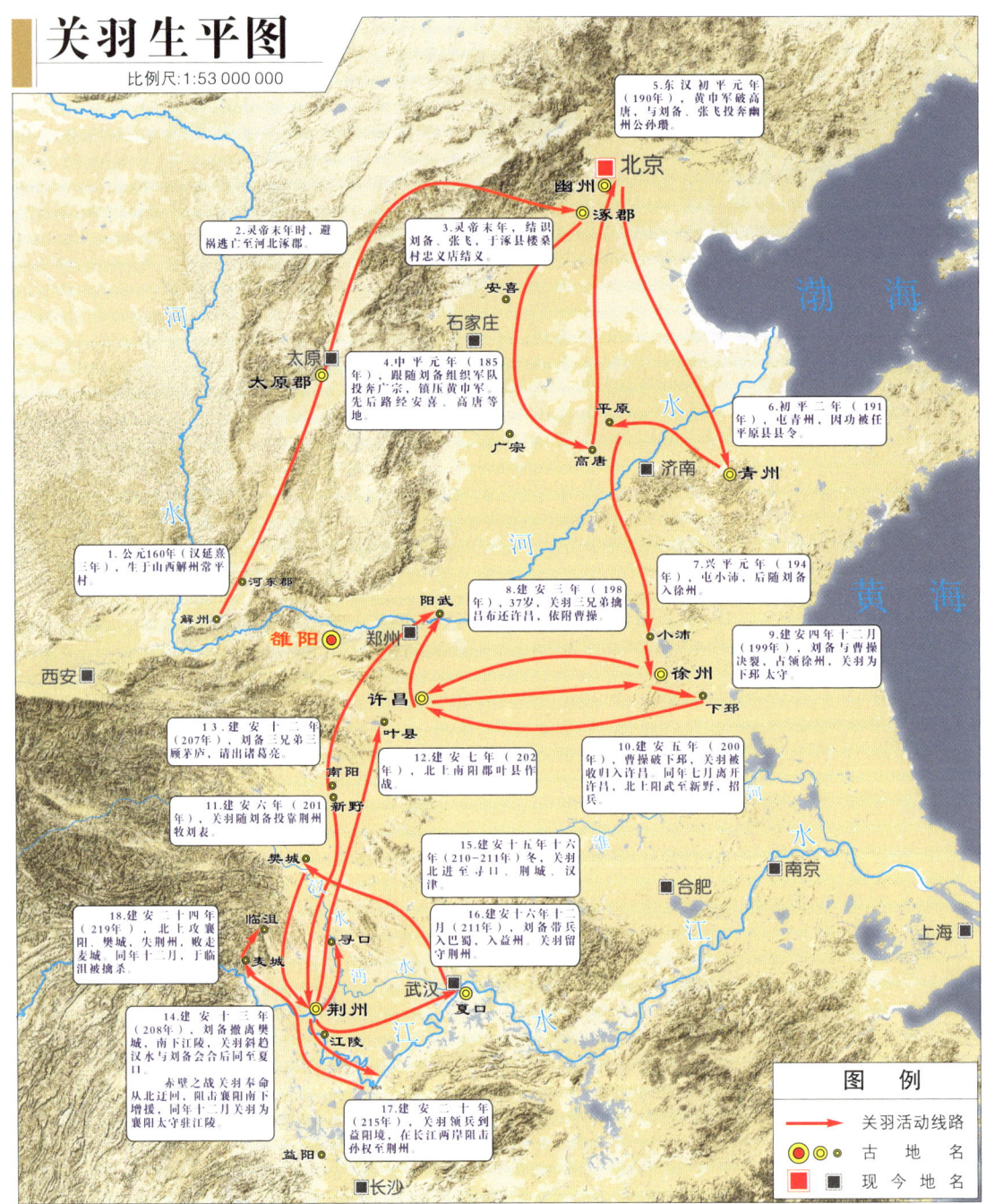

中国人是世界上最具有精神崇拜情结的族群，与西方人崇拜上帝不同的是，中国人崇拜的不只是传说中的超自然的神灵，更崇拜的则是历史上真实存在过的人，那些用自己的所作所为感天动地的人。关羽正是这样一位具有民族精神崇拜和心理情结寄托的人。中国人看重关羽的是他那挽狂澜于既倒、扶大厦之将倾的浩然正气，是他那承接并延续传统道德与民族大义的使命自觉，是他那为了国家之道、民族之义、大众之利而不惜牺牲自己名利乃至生命的高尚境界。集"忠义信仁智勇"诸多美德于一身的关羽，具备了孔子儒学理性从未见有的超强功能和绝对魅力，从而成为统治阶层向大众灌输儒学宗旨的最佳人选。事实正如此，自从汉武帝从董仲舒"独尊儒术"后，孔子的儒学文化一向为统治者见宠，兼在士大夫有限的圈子里自我陶醉，而未能被圈子外的更多的人群所认同。为此，需要找寻可以作为灵犀相通的接受体，好使孔子的儒学文化更易于传播。关羽的惊人业绩、感人形象，充分证明了他正是孔子儒家学说的理想实践者。借助对关羽的宣扬，便使孔子儒学有了更好的渠道通向了大众，深入到民间。所以在对关羽的众多赐封中，其中之一便是"武圣"，而"文圣"即孔子。明嘉靖大臣徐阶《重修当阳庙碑铭》云："昔韩昌黎推尊孔子以为祀，而遍天下者惟社稷与孔子为然。（关羽）其褒赠之典，代以益崇，而庙祠亦遍天下，与孔子等，何其盛也。"将关羽同孔子相提并论。早在唐建中三年（782），关羽就被列为64员名将之一，放入庙中配享姜子牙。到明万历四十二年（1614），关羽直接替代了武成王庙的主神姜子牙，由配享之将升作了"武神"。清雍正年间，朝廷诏令全国关帝庙当称"武庙"。从此,"关庙"便与"孔庙"正式并列,"文圣"孔子与"武圣"关羽之说,正式得到了朝野的普遍认同。河南北舞渡山陕会馆《创建戏楼碑记》中明确写道:"唯我关夫子生于山右,仕于汉朝,功略盖天地,神武冠三军。尤可称秉烛达旦,大节垂于史册,洵足媲美孔子,躬当武夫子之称。"

解州关帝庙门

会馆中还有一联云："讨魏攘吴，学本春秋存汉史；安仁处义，道同日月近尼山。"所说"尼山"即孔子。清夏力恕题湖北孝感关帝庙联则云："英雄几见称夫子；豪杰如斯乃圣人。"有些地方索性建文武庙，同时供奉孔子和关羽，如香港的文武庙就有联云："文夫子，武夫子，两个夫子；作春秋，读春秋，一部春秋。"明方孝孺在题浙江杭州栖霞岭关帝庙联时，特意提及二人的籍贯，称关羽"后文宣而圣"，乃"山东一人，山西一人"。如今，山东的孔子和山西的关羽，二人一文一武，并而同称圣人；故里一东一西，皆为观瞻胜景。关公是与文圣孔子并称的武圣，这种最高的尊称，带给关公故里的不单单是值得自豪的荣耀，更重要的是这可以使得"关公故里"成为具有专一性的文化品牌，以其丰富的内涵、诱人的魅力、开发的价值，越来越引起有关方面的高度重视。

## 关公因道德象征尊为全能之神

作为历史人物，关羽生前的官职不大，爵位不高，去世后在正史《三国志》中的记述也十分简略。但令人称奇的是，关羽日后居然声名鹊起，逐渐晋升为"护国佑民"的广适与永恒的全能之神。明清间一度遍布全国城乡的"关帝"庙宇，不但使刘备、孙权、曹操这些三国时代的风云人物黯然失色，就连"万世师表"的"文圣"孔夫子也稍逊风骚。明徐渭《蜀汉关侯祠记》就说："祠孔子者止郡县而已，而侯（关羽）则居九州之广，上自都城，下至墟落，虽烟火数家，亦靡不醵金构祠，肖像以临，球马弓刀，穷其力之所办。

宋代木版画中的关公形象

而其醵也，虽妇女儿童，犹欢欣踊跃唯恐或后，以比于事孔子者，殆若过之。"对此奇特现象，清尤侗感到惊讶："公亦汉臣耳，而尊之曰帝，三国诸君安在哉？"（《西堂杂俎》）清赵翼也感慨道："凡人之殁而为神，大概初殁之数百年则灵著显赫，久则渐替。独关壮缪……何其寂寥于前，而显烁于后，岂鬼神之衰旺亦有数耶？"（《陔馀丛考》卷三十五《关壮缪》）倒是清代关庙中的一副对联，颇能概括关羽在中国传统社会中的历史文化地位和巨大影响："儒称圣，释称佛，道称天尊，三教尽皈依，式瞻庙貌长新，无人不肃然起敬；汉封侯，宋封王，明封大帝，历朝加尊号，矧是神功卓著，真所谓荡乎难名！""式瞻"，敬仰、景慕。"矧是"，也是、况且。"荡乎难名"，语出《孟子·滕文公上》："大哉，尧之为君！唯天为大，唯尧则之，荡荡乎无能名焉。"原文是说尧之伟大，以至于百姓都不知道该如何去形容和赞美他。借以表明关羽也享有这样的盛誉。这副佚名联语，写得匠心独运，堪称别具一格：它记录了一段历史，涵盖了一种现象，见证了一个传奇，礼赞了一位英雄。

在关羽去世后的一个月之内，吕蒙和曹操二人相继神秘地亡故，于是民间便有了关羽英魂不散、显灵成神的传说。300多年后的南朝光大年间（567—568），废帝陈伯宗自称曾夜梦关羽，于是下令在关羽显圣的当阳玉泉山为其建庙祭祀。隋开皇十二年（592），高僧智大师云游当阳玉泉寺，更是声称某夜见得关羽，向他表示愿为此寺护法，于是大师便尊关羽为"护法伽蓝"。随着关羽的声誉在社会上的日益显隆，其在佛界的影响逐步扩大，由一家寺院（或佛门一宗）的护法伽蓝，一跃而成为整个中国佛教的护法神。老实说，伽蓝的地位并不算高。不过，佛教首先将关羽推上神坛，起码引起了执政者及其他教派的关注，并让他们从中受到某些启发。宋真宗大中祥符七年（1014），关羽家乡的解池盐湖遇灾，盐产量锐减，百姓生活及朝廷税收都受到严重影响。经调查，传为远古时被黄帝所杀的蚩尤作乱而致。道教第三十代天师张静虚奉召而见真宗，对曰："此必无可忧。自古忠烈之士，殁而为神。蜀将军关某忠而勇，陛下祷而召之，以讨蚩尤，必有阴功。"（元胡琦《解池斩妖考辨》）关羽"解池斩蚩尤"的传说，实属于荒诞无稽之事。但由此而将关羽同道教相连，不仅使其得到了比"伽蓝"位置高许多的"天尊"之称，还让关羽的神明形象由往昔民间的褒赞和传扬，变成了最高统治者的倚仗和推崇。关羽的褒封，就始于宋徽宗。宋代的朝廷不光与道教同尊关羽，还和儒家理学大师们正式确认了"忠义仁勇"关羽的尊神地位。儒家面对人们普遍尊崇关羽为神明的现实，开始对"子不语怪力乱神"（《论语·述而》）的观念有所突破。正是儒家的介入，才使得关羽崇拜最终确立了它的全社会、全民族地位。这也就是元、清两朝虽为少数民族统治，同样尊奉关羽为神明的缘由。总之，关羽"改谥"从宋徽宗始，到清德宗光绪止，历史上先后有16位皇帝23次御旨追封关羽，最长也是最后的封号竟多达26字，即"忠义神武灵佑仁勇威显护国保民精诚绥靖翊赞宣德关圣大帝"。

关羽崇拜之所以深入人心，文化传播也起了至关重要的作用。史志、诗词、说唱、绘画、雕塑、戏曲等，都参与了历久不衰的对关羽的礼赞系列活动。其中影响最大的当数元末明初山西籍小说家罗贯中创作的《三国演义》，关羽即书中塑造得最好的艺术形象之一，是"报国以忠"、"待人以义"、"处世以仁"、"作战以勇"、"谋略以智"、"重诺以信"的杰出典型，关羽是高贵品行的化身，神圣道德的象征，他言谈举止所体现的精神，不仅蕴涵着中国传统文化的道德精华，同时也渗透着正宗儒学的春秋精义，兼及还体现着释道两家的教化精髓。于是，关羽便奇异绝妙地跨越了时代历史，既在神坛登峰造极，又在民间根深蒂固，成为千余年来历朝屡加封、三教同尊奉、世人皆崇仰的奇绝偶像。由于不同的时代、不同的人，在对关羽的崇拜上有着不同的主张和目的，所以皆依照自己阶层的利益和需要，对关羽进行各取所需、各得其所的利用和改造，并不断地把理想或幻想、期望或奢望，寄托在了"圣灵永播"的关羽身上，将他从一个有血有肉的武士勇将，始而颂扬为可亲可敬的万世人杰，进而褒美成广适永恒的全能之神。"广适"，即广泛适宜。"永恒"，称永远不变。"全能"，指样样都能。有一副旧联就这样写关羽："汉为文武将；清封福禄神。"由于关羽被说成具有司命禄、佑科举、除瘟剪疟、治病禳灾、驱邪避恶、诛罚叛逆、巡察冥司、讼冤伸抑，乃至驱雷役电、兴云布雨、招财进宝、宜利和合等"全能"法力，所以皇室钦定其为帝神，期望拜之而使江山永固，社稷千秋。仕进者钦尚其为禄神，期盼拜之而官运亨通，平步青云。军旅武士钦尊其为战神，期许拜之而所向无敌，战无不胜。治安机构钦佩其为警神，期愿拜之而惩恶扬善，国泰民安。科考之士钦服其为文神（也称考试神），期冀拜之而蟾宫折桂，金榜题名。田客耘夫钦敬其为农神，期颐拜之而风调雨顺，五谷丰登。市贾商人钦奉其为财神，期求拜之而生意兴隆，财源广进。江湖帮会钦伏其为尊神，期想拜之而群起响应，功成名就。还有小到像理发、屠宰、皮革、肉铺等行业，皆因所用工具与刀有关，便将使青龙偃月刀的关羽视作行业神等。总之是历史的关羽提供了最好的基础，文化的关羽塑造了完美的形象，宗教的关羽普及了全民的崇拜，从而使关羽成了万世钦重的守护神，百姓钦信的灵佑神。经过封建社会漫长的历史进程，经过儒家思想长期的熏陶教化，中国人民自己选择了自己的神化偶像，确定了自己的人格追求。关羽作为神化偶像和人格追求，是民俗信仰的综合象征。从古至今被人广适崇拜的全能之神，还将长期地影响着我们的思想和生活，其人格力量越来越令人崇仰，并融入世间生活的幽微之中。从这个意义上说，关公崇拜的信俗将是永恒的，"关公故里"的文化品牌更是鲜活的！

## 关公堪称四海共仰、五洲同尊

对神尊崇的物化表现，最直接的就是造神像、建神庙。《书·大禹谟》："文命敷于四海，祗承于帝。"后以"四海"犹言天下，全国各处。在古代称作"四海"的中国大地上，关羽享有数量最多的神庙，也享有规格最高的神庙。民间相传，刘备于关羽逝后不久便率军讨伐东吴，途中专门到二弟显圣的湖北当阳玉泉山祭拜，并为其建祠，当为关庙之始。据史书载，玉泉山关帝庙建于南北朝光大年间（567—568），早已不存，现可见"汉云长显圣处"望柱。随后，一座座祭祀关羽的神庙陆续拔地而起。全国普遍建造关羽祀庙,最迟在元朝已有记载。元郝经《顺天府重建义勇武安王庙记》:"(关公)英灵义烈遍天下,故所在庙祀,福善祸恶,神威赫然,人咸畏而敬之,而燕赵荆楚为尤笃。郡国州县、乡邑闾井尽皆有庙。"明王世贞《太仓州修庙记》:"故前将军汉寿亭侯关公之祠庙遍天下,祠庙几与学宫、浮屠等。"称关庙像学校、佛塔一样多,可见"祠庙遍天下"所言不虚。清赵翼《陔馀丛考》也云:"今且南极岭表,

黑龙江海林关帝庙

北极塞垣，凡妇女儿童，无有不震其威灵者，香火之盛，将与天地同不朽！"关庙之建，难以胜数，而和关羽联系最紧密的，除了故里的祖祠和解庙外，便是湖北当阳埋其尸骸的关陵与河南洛阳葬其头颅的关林，民间俗称："身在当阳，头枕洛阳，魂归故乡。"此外，关羽镇守或征战之地如河南许昌、湖北荆州及武昌等地，也均建有纪念性建筑关帝庙。河北承德避暑山庄的关帝庙则属于"皇家武庙"。落成之日，清乾隆皇帝亲自拈香瞻礼，题匾"忠义伏魔"。当时京城的关帝庙多达116座，故宫里就有4座。黑龙江虎林关帝庙建于清雍正年间，是我国东北部中俄边境上的唯一古建筑，故有"东方第一庙"之誉。西藏拉萨、日喀则，新疆伊犁、天山等地均建有关帝庙，云南大理的关帝庙将关公信仰与白族文化有机融合，影响极大。福建漳州东山岛的关帝庙建于明洪武二十二年（1389），是台湾众多关帝庙分灵入台的"祖庙"。如果说崇奉关帝的根在大陆，那么在台港澳也有其繁茂的枝叶。目前台湾拥有大大小小的关帝庙宇近400座，遍及宝岛各地。其中的台南关帝庙始建于明永乐年间，为岛内的开基武庙。在喧闹繁华的东方之珠香港，关圣帝君像随处可见。面积不大的香港，仅关帝庙就有10多座。创建最早的是明弘治年间的大澳关帝庙，名气最大的是清道光年间所建荷李活道的文武庙。澳门面积虽然更小，但同样也有建于清代的关帝古庙，位于市政广场一侧。还有，自明清起，在外经商的山西人，出于"联乡情，笃友谊，报神恩，承义举"的目的，在足迹所到之处建起了晋商会馆（其中也有与陕西商人共建的山陕会馆）。这些会馆具有共同的显著特点，那就是均以关帝庙、春秋楼作为主体建筑，将关公作为拜祭奉祀的主神。山东聊城、河南开封、河南洛阳、河南社旗、江苏苏州、内蒙古多伦等地的几处会馆，均被国务院公布为全国重点文物保护单位。总之，遍及全国各地的关帝庙，充分证明了关羽是中华民族最崇敬的"神祇"，将世世代代受到"龙的传人"的由衷敬仰！

"忠义照千古；威灵显五洲。"这是美国纽约关帝庙的一副五言短联。"五洲"，旧分世界为五大洲，常用"五大洲"来代指世界，也省作"五洲"。清孙诒让《周礼政要·保商》："西商挟其财力之富，雄视五洲。"毛泽东《满江红·和郭沫若同志》词："四海翻腾云水怒，五洲震荡风雷激。"为异国他乡的关帝庙题联，用"五洲"与"千古"相对，充分说明了关公文化传播之广泛、关公精神影响之深远。据不完全统计，世界对关公的信奉与崇拜，已达168个国家和地区（见运城关公研究会会刊《关公研究》第4期赵参军文）。美国的"龙岗总会"，就是一个以崇奉关羽为主的民间组织，现已有分会140余个。在美国，敬奉关羽的不仅仅是华人。旧金山市的布朗因为前往中国城关帝庙求神祈福，从而在大选中赢得众多选民信任的故事，在美国早已传为佳话。日本对关公的尊奉更是推崇备至，横滨、神户、长崎、函馆等地，都建有气势宏伟的关帝庙。神户《关圣帝君圣德略记》碑云："生时忠义仁勇，殁后尊为神明。英风播于万方，大义凛乎千古……以至于日本各大都市皆备矣！"现今，《三国演义》的小说、影视、动漫风靡全国。韩国首尔的关帝庙，被政府定为"韩国宝物142号"。新加坡不光有大小30多座关帝庙，还将关公的事迹选入学生的课本。泰国苏梅岛的关帝庙就与学校合在一起,使学生从小就信奉崇仰关公。泰国法官开庭前,先要面对关公神像起誓,以示忠于法律。越南南(圻)边和镇的关帝庙,始建于1684年,是目前东南亚有据可查的最早的关帝庙。菲律宾也有多座关帝庙,皆以福建泉州关帝庙为祖庙。印度尼西亚雅加达南靖庙、缅甸八莫关帝庙、东帝汶帝力市关帝庙,也都建造较早。马来西亚青云亭、广肇会馆均供奉关帝,后又专建关帝庙,于右任先生的那副名联就是特意为新庙而撰的。印度于2000年新

美国纽约关帝庙

建大型关公公园。澳大利亚悉尼、墨尔本均有关帝庙，原本由清代旅澳的华侨兴建，20世纪80年代，澳洲中央联邦政府、维多利亚省政府和华人侨领共同出资修葺一新，香火愈盛。非洲的马达加斯加有两座关帝庙，分别在塔马塔夫、苏瓦雷斯市，两处都与中华会馆建在一起。该国还于1999年大量发行了关公纪念邮票。与马达加斯加隔海相望的毛里求斯路易港，有7座关帝庙。最早的一座落成于1842年（清道光二十二年），是当时的华侨领袖陆新才先生慷慨捐地、华侨集资兴建的。留尼汪岛也有4座关帝庙，分别在首府圣旦尼和名城圣皮埃尔。可以这样说，凡世界上有华人居住的每一个角落，都能真切地感受到关公文化的存在及其产生的影响。关公已经成为超越国籍、超越民族、超越宗教的世界名人与尊神！"五洲同尊"的事实告诉我们：世界承认了关公，关公拥有了世界。这也让我们进一步认识到确立"关公故里"这一文化品牌的必然性、重要性、可行性，从而坚定信念、精心打造、竭力开发。

## 关公故里有关庙之祖武庙之冠

俗话说："水有源，树有根。"人类的探"源"寻"根"，重要的就是返始报本、认祖归宗。涉及的问题包括籍贯、谱系、家世、生平、后裔等诸多方面。就关羽而言，以上几方面中，最确凿无疑的便是他的籍贯。撰写《三国志》的陈寿（233—297），虽然生于关羽逝世后13年，却在蜀国任过观阁令史之职，其职责即掌管文史档案。蜀亡后入晋，又官终御史治书，后世评其有良史才。除撰写《三国志》外，他还编有《诸葛亮集》。以关羽在蜀国的显赫地位及崇高威望，加上陈寿从事工作的性质和杰出才能，以及他对蜀国相当熟知的实际，其在《三国志·蜀书·关羽传》中，对关羽籍贯的记载是令人信服的，即："河东解人也。"南朝宋裴松之（372—451）为陈寿的《三国志》作注，博采群书，广增异闻，开史书作注新例，宋文帝赞为不朽之作。巧的是裴松之乃"河东闻喜人也"。裴氏因与解州、安邑两大盐池关系匪浅，故亦著郡望。故裴注中未曾对籍贯之说提出质疑，反倒增添了不少反映关羽"神异"的材料，使关羽形象得以日后在三国诸雄中脱颖而出。再有《资治通鉴》的作者司马光（1019—1086），在书中也写道："（刘）备少与河东关羽、涿郡张飞相友善。"司马光乃河东夏县人，与关羽为老乡，两人的住家相距只有几十里。因《资治通鉴》与《史记》齐名，颇有影响，故后世的史家在关羽籍贯问题上便保持一致而毫无歧见。

"河东"，古代泛指黄河以东。汉代时为"河东郡"，辖区包括运城全部及临汾、晋东南地区的局部。独特的地理形貌和优越的自然条件，使这里成为中华民族的重要发祥地之一。"解"，读音"谢"，当地人读音"亥"，是古河东的一个建置和区域。《孔子三朝记》谓："（黄帝）杀蚩尤于中冀，蚩尤股体身首异处，而其血化为卤，则解之盐池也。因其尸解，故名其地为解。"（转引自《运城地区沿革考》）春秋时，晋献公灭魏，以其地为"解梁"。公元前654年，晋惠公以五城贿秦，其中就有解梁。战国时并于魏，"秦败魏师于解"，属河东郡。汉高祖二年（前205）置解县，仍属河东郡，治所在今伍姓湖的北面古解县城。汉武帝元封五年（前106）分天下为十三部,解县属司隶校尉部河东郡。此后隶属关系间或更改,但关羽的"河东解人"无疑就是汉代司隶校尉部河东郡解县人。根据谱系所记,关羽的祖宅就在解县常平,清代置为下冯村宝池里五甲,即今运城市盐湖区解州镇常平乡常平村,当地还保存有清解州知州言如泗所立"关圣故宅"的石碑。言如泗是孔子弟子言偃(即

关帝庙

子游）的第七十五世孙，乾隆年间赐恩贡生，充正黄旗官学教习。历任垣曲知县、解州知州，累擢湖北襄阳知府，有政声。石碑由言如驷所题，表明了后人对关羽籍贯的认同。坐落在常平村的关帝祖祠（俗称关圣家庙），相传就是在当年关羽从出生到"亡命奔涿郡"前一直生活的祖宅建立的，至今为乡人及关氏后裔确信不疑。

关羽因除暴杀贼而只身远走，致使家人受到牵连，贤妻携子外出躲避，父母被迫跳井双亡，昔日殷实平和的耕读之家，遭官府和富豪的报复与毁损，变成了废墟瓦砾。三国时"河东"属于魏地，所以关羽去世之初自然不会为他立庙以祭。直到隋朝初年，乡人感慕关羽的英武和盛德，特意将他家的故宅进行了修复，与此同时也为他家建起了家庙，自此岁时奉祀，从未间断。家庙初始并不算大，后陆续增加新建，到金代时已成具有一定规模的庙宇。接下来，随着历代帝王逐步升级的追封，庙堂也随之不断地进行重修和扩建，并将关帝庙"帝"、"圣"二字，冠在"家庙"之前，"关帝祖祠"成为专称，读之尤显庄重严谨；"关圣家庙"实乃俗称，呼来自感自然亲切。现今人们通称"常平关帝家庙"，简称"关帝庙"。虽然说关羽在弱冠之年便离开了这里，之后一直在外横刀跃马、叱咤风云，并不幸客死他乡、身首异葬，但此间毕竟是他当初出生和最早学文习武的家乡。所以说，关羽的"根"，扎在了常平；关羽的"魂"，归回了河东。正因此，尽管常平的"关帝庙"算不得建得最早，但它依然可凭这里是关羽的"根"而被称作"关庙之祖"。天下关庙难以胜数，只有常平的关庙才有资格在其石坊上刻出"关王故里"四个大字，只有常平的关庙才有供奉关氏远祖及关羽上三代先祖的

# 品牌内涵
PINPAINEIHAN

"忠、义、仁、勇、智、信",这些中国传统文化的伦理、道德、理想,渗透着儒学的精义并为释、道二教的教义所趋同的人生价值观念,在关羽身上无一例外、无可置疑地体现着。关羽以其人格典范、道德楷模,成为中国历史上最重要的"神"之一,那些蕴藏在其不朽灵魂中的思想与精神,早已成为千百年来文化传承的重要内容,变作了中国人民一以贯之的民族精神的崇高象征。关羽信仰,对于近代中国民族精神的凝聚起了不可忽视的作用,具有深厚坚实的民间根基、包容四裔的融汇能力、绵延不绝的历史积淀和跨越时空的现实影响。总之,关公文化是文明演进的结果,是历史选择的必然,是中国人自己创造的全民文化,它是正宗儒学文化的一个创造性载体,究其本质而言则是对于道德的崇拜。如不失于偏颇,当可使心灵得以净化,精神得以升华,从而激励人们奋斗拼搏,创新开拓,对促进国家统一、民族团结、社会安定、时代进步,都有着不可低估的作用。

## 忠义的化身感人肺腑

解州关帝庙端门的门楣正面,刻有"关帝庙"三个大字,背面正中题刻"扶汉人物"四字,两侧门楣所刻,右边是"精忠贯日",左边为"大义参天"。这一组文字,凝练地概括出关羽作为"匡扶汉室"的英雄人物所体现的思想核心——"精忠"与"大义",即"忠义"。"忠"是儒家基本的伦理规范。在《论语·里仁》中,曾参对孔子的思想作过简要归纳:"夫子之道忠恕而已矣。"但究竟何

解州关帝庙

德而谓"忠",却代有解读,并不统一。《左传·成公九年》:"无私,忠也。"《国语·周语下》:"言忠必及意,言信必及身。"韦昭注:"出自心意为忠。"也特指事上忠诚。《书·伊训》:"居上克明,为下克忠。"孔传:"事上竭诚也。"董仲舒《春秋繁露·天道无二》:"心止于一中者,谓之忠;持二中者,谓之患;患,人之中不一者也。不一者,故患之所由生也,是故君子贱二而贵一。"后因汉武帝从董仲舒"独尊儒术",董仲舒的说法便成为后世强调"忠心不二"的新解。唐德宗李适《赠太尉段秀实纪功碑》:"立人之道,曰君与臣;立臣之道,曰忠与节。忠莫极于卫国,节莫大于忘身。存其诚德贯乎天地,致其功用施于社稷。"另外,"义"作为最富于链接性的汉字,几乎可与儒家伦理的任何概念相结合。《礼记·中庸》:"义者,宜也。"引申为思想行为符合一定的准则。《论语·里仁》:"君子喻于义。"《论语·阳货》:"君子义以为上。"《孟子·离娄上》:"义,人之正路也。"《孟子·告子上》:"生,亦我所欲也;义,亦我所欲也。二者不可得兼,舍生而取义者也。"由"义"组合之词汇就有"忠义"、"正义"、"仁义"、"道义"、"仗义"、"侠义"、"信义"、"情义"、"恩义"、"孝义"等。宋欧阳修《朋党论》:"所中者义,所行者忠信,所惜者名节。以义修身,则同道而相益;以义事国,则同心而共济。始终如一,此君子之朋也。"这段话虽然不是专门针对关羽所说,但其所揭示的"同心合志"的"忠义"重要性,则完全在关羽身上体现了出来。东汉末年,天下大乱,群雄并起,混乱无序,叛附不定,是选择道义还是谋取利益,是尽献忠心还是实现野心，这对每个参与当时政治斗争的人来说，都是一个严峻的考验。试想当时的曹操已手握重权，袁绍也独霸一方，而刘备只不过是个"贩履织席"之人，但鉴于他是汉室宗亲、中山靖王之后，用《三国志·蜀书·先主传》的话说，刘备"弘毅宽厚，知人待士，盖有高祖（刘邦）之风，英雄之气焉"。正是出于"舍汉种莫可效，况英略天授乎"的原因，关羽到涿郡后便义无反顾地投奔了刘备，和当地另一位立志扶汉安民的志士张飞，同刘备桃园结义而成异姓兄弟。自此，无论顺境还是逆境，关羽从未动摇过对刘备和汉室的忠义。清毛宗岗在修订评刻《三国演义》时，仅就三人"桃园结义"之誓词，便指称有"上报国家"的忠义、"下安黎庶"的仁义、"救困扶危"的侠义、兄弟间"不求同年同月同日生，只愿同年同月同日死"的情义等。为此，毛宗岗决计将关羽塑造成"义绝"之典型，并这样综合评价关羽："历稽载籍，名将如云，而绝伦超群者莫如云长。青史对青灯，则极其儒雅；赤心如赤面，则极其英灵。秉烛达旦，人传其大节；单刀赴会，世服其神威。独行千里，报主之志坚；义释华容，酬恩之谊重。做事如青天白日，待人如霁月光风，是古今名将中第一奇人！"关羽的"奇绝"之处，最主要的还在于他的"忠义"。因为选择了刘备，就是选择了艰难的人生道路；匡扶汉室，就意味着必须奋斗以至于牺牲。最能体现这一点的就是下邳失守后，关羽为护皇嫂而暂附曹操，所"约三事"即：一、只降汉帝，不降曹操，可见其政治原则和人生操守。二、尊重与保证皇嫂的尊严和待遇，可见其重义忠君的品节及尽职尽责的意识。三、但知刘备去向便当辞去，可见其忠贞不渝的高风亮节。当劝他的好友张辽问:"倘玄德已弃世,公何所归乎?"关羽曰:"愿从于地下。"这斩钉截铁的回答,充分表明了关羽"义不负心,忠不顾死"的坚定信念。虽然这些都是《三国演义》的描写,但从关羽的真实经历来看,都是符合历史真实的。因为《三国志·蜀书·关羽传》中,就有关羽"立效以报"曹操后,"尽封其所赐,拜书告辞而奔先主"的记载。关羽由此成为如孟子所说的"富贵不能淫,贫贱不能移,威武不能屈"的大丈夫,难怪连曹操也不得不发出由衷的赞叹:"事君不忘其本,天下义士也!"(裴松之注引《傅子》)平心而论,关羽此番辞曹寻主的举动,实在是一种奋不顾身的冒险。因为他为报"曹公待我厚"之恩,曾斩杀袁绍麾下的爱将颜良,如今前去寻找已投奔袁绍的刘备,极有可能遭到袁绍为给颜良报仇而导致的后果。所以说,关羽的忠肝义胆的确令人钦敬。早在唐初,礼部尚书虞世南就赞关羽是"心耿耿,义烈烈"的"伟丈夫,真豪杰"(《鸟磁鼎铭》)。首开关羽"改谥"先例的宋徽宗,曾封关羽为"忠惠公"。明万历年间钦定的"官摄其祭"祝文曰:"惟帝忠义贯日,英烈盖世。志复汉基,百代崇祀。"清世祖顺治又特意在关羽的封号中加上"忠义"二字。我们知道,尽管"忠"与"义"很难截然分开,但通常是皇室朝廷更侧重于关羽的"忠",而民间百姓更崇尚关羽的"义"。是关羽真正实现了"忠"和"义"的完美结合,他理所当然地成为忠义的化身,对后世也产生了深远的影响。如太平天国的翼王石达开,率军转入贵州贵定时,特意去阳宝山拜谒关帝宫,并为之撰联曰:"义薄云天垂万古;忠昭日月著千秋。"突出颂扬关羽的仁"义"和"忠"勇,借以激励所带义军的将士，同时也说明关羽不仅为历代封建统治者所推崇，同样受到欲推翻封建统治的农民起义领袖的敬仰。再如抗日名将张自忠，曾参加台儿庄大战，随后又在临沂战役率部鏖战七个昼夜，力挫日军主力坂垣军团。襄枣宜会战中他多次成功阻击敌军，最后抱着必死的决心，孤军深入，陷入重围，依然身先士卒，拼尽全力，壮烈殉国。他的英勇牺牲和当年关羽相似，在赢得己方悼念和颂赞的同时，也使敌方深感震撼和敬畏。中日双方都称其为"当代关公"。将军战死之处的民众，还在当地的关帝庙中建忠烈祠供奉过张自忠将军。周恩来在悼念文章中这样写道："每读张上将于渡河前亲致前线将领及冯治安将军的两封遗书，深觉其忠义之志，壮烈之气，直可以为我国抗战军人之魂！"所说"忠义之志，壮烈之气"，不也正是关羽精神的生动再现吗？作为忠义化身的关公，其精神品节自然感人肺腑，深入人心，这对于在传承道德文化遗产中，增强民族团结认同感，构建社会主义核心价值体系，有着重要的现实意义。民国元老、爱国诗人于右任先生曾为海外一座关帝庙题联云："忠义二字，团结了中华儿女；春秋一书，代表着民族精神！"将"忠义二字"和"春秋一书"进行归纳总结，并予以概括与升华，言简意赅地指明关公的"忠义"品节在民族优秀传统中的显著地位和重要价值。如今，此联也镌刻悬挂在了解州关帝庙的东大门上，敬请游人仔细观瞻，进而结合游览祭拜深加思索，定会大有所获！

## 仁勇的楷模令人钦仰

"仁",古代一种含义非常广泛的道德观念,包括了忠、恕、孝、悌、宽、恭、信、敏、惠、智、勇、刚、毅等诸多内容,其核心是

"白马斩良"图

指人与人的相亲相爱。孔子以"仁"作为最高的道德标准。《论语·颜渊》："樊迟问仁。子曰：'爱人。'"回答多么简洁，同时又明确指出"己所不欲，勿施于人"。《论语·颜渊》："颜渊问仁。子曰：'克己复礼为仁。'"也就是说，"仁"就是礼，惟礼，仁在其中也。故孔子接着回答颜渊所问如何才能做到"仁"时说："非礼勿视，非礼勿听，非礼勿言，非礼勿动。"孟子又将"仁"与"义"联系起来，称："何必曰利？亦有仁义而已矣！"同样视作道德行为的最高标准。指出"仁者无敌"（《孟子·梁惠王上》），又说："恻隐之心，仁之端也。"（《孟子·公孙丑上》）"勇"，即勇敢、勇武、勇猛、勇毅。用以表现无所畏惧、一往无前的精神。《论语·为政》："见义不为，无勇也。"孔子在《论语·子罕》中，将"仁"与"勇"相提并论，称："仁者不忧，勇者不惧。"说实行仁德的人不会忧愁，真正勇敢的人不会畏惧。宋苏轼《祭堂兄子正文》："仁者之勇，雷霆不移。"孔子还在《论语·卫灵公》中说："志士仁人，无求生以害仁，有杀身以成仁。"将"仁"与"勇"组合成词，特指仁慈而又勇敢。《吴子·论将》："然其威德仁勇，必足以率下。"《汉书·辛庆忌传》："质行正直，仁勇得众心。"

关羽的勇武神威是其精神品德中最明显直观的内容，也最容易被人所接受和称颂。《三国志·蜀书·关羽传》不过900多字，给人留有深刻印象的正是关羽的勇武。如"羽望见（颜）良麾盖，策马刺良于万众之中，斩其首还，（袁）绍诸将莫能当者"。其实斩颜良一事还可从中看出关羽之仁智，因以"立效报曹公"而仁至义尽，曹操若是遵约当放关羽而去。再如作者不惜用85个字的篇幅，详尽描绘了"关云长刮骨疗毒"的传奇故事，更加生动地表现出关羽的勇敢和坚毅。但细细想来，关羽之所以为求治愈，根本原因还在他要为匡扶汉室的仁义之举再立新功。遍查整个二十五史，所记名将豪杰多矣，但惟有《关羽传》中赫然有"威震华夏"四字考评，实已道尽其于当时的声威影响。其他所议如"威震海内"、"威震遐方"、"威震邻敌"等，都难与"威震华夏"相提并论，所以此语得以流传千古，至今为人所常用。需要指出的是，"勇"如果不受"仁"、"智"等的统领，便会是匹夫之勇、莽汉之勇。孟子就将"勇"分为三种："血气之勇"、"意气之勇"、"大勇"。关羽之勇，正是恪守道德信念的"大勇"，也即"智勇"、"仁勇"。宋徽宗宣和五年（1123），加封关羽为"义勇武安王"，首提关羽之"勇"。直到清高宗乾隆二十五年（1760）才易谥称"神勇"（解州关帝庙崇宁殿前檐就悬有此御匾）。可见当时的皇帝也仅仅侧重关羽的"勇"，只不过加了个"神"字予以突显。到了仁宗嘉庆十八年（1813），关羽的谥封中始见"仁勇"二字，之后一直相延而存续。这也就是说，关羽既是"忠义"的，也是"仁义"的；既是"忠勇"的，也是"仁勇"的。关羽正是因"仁"而愈"勇"，以"勇"来施"仁"。将关羽称作"万人之敌"的曹操谋臣程昱又曰："云长傲上而不忍下，欺强而不凌弱；人有患难，必须救之，仁义播于天下。"关羽一生以"声禁重，色禁重，衣禁重，香禁重，味禁重，室禁重"的准则严格要求自己，其实质正是六个"禁重"体现了两个尤重：重"仁"重"礼"。以史书《三国志》来说，内中写到关羽与刘备"寝则同床，恩若兄弟。而稠人广坐，侍立终日,随先主周旋,不避艰险",这正是对其重君臣礼、建仁勇功的简洁描述。又写"(关)羽尽封其(指曹操)所赐,拜书告辞而奔先主",以及"(孙)权遣使为子索羽女,羽骂辱其使,不许婚",这也是对其尊汉蔑敌、凛然仁勇的精要叙述。至于章回体的《三国演义》,作者更是设计了"美髯公千里走单骑,汉

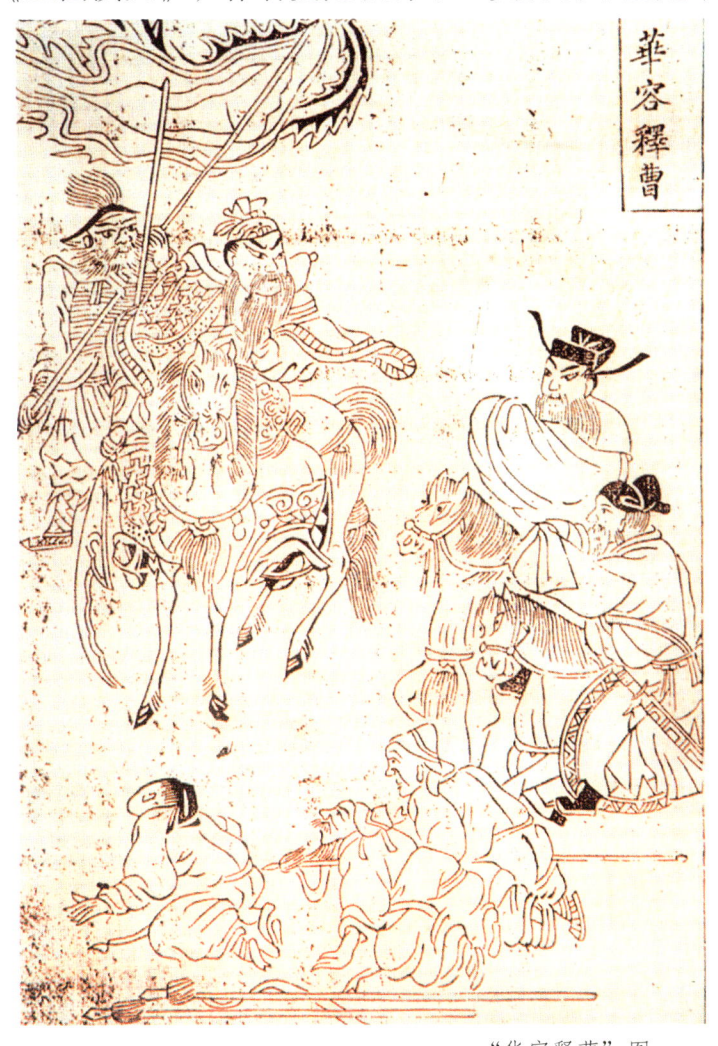

"华容释曹"图

寿侯五关斩六将"及"诸葛亮智算华容,关云长义释曹操"的故事情节,通过对关羽秉烛达旦护皇嫂、知恩图报释曹操的生动描绘,将其循仁从礼、成仁重义的品节写到了极致。书中就有诗分别赞曰:"威倾三国著英豪,一宅分居义气高。奸相枉将虚礼待,岂知关羽不降曹!""曹瞒兵败走华容,正与关公狭路逢。只为当初恩义重,放开金锁走蛟龙。"尽管华容道释曹纯属虚构,不属于历史的真实,但对塑造关羽的形象还是浓墨重彩的一笔,我们不可用现今的观念意识去指责罗贯中,去埋怨关云长。清人毛宗岗在修订评刻《三国演义》时,特意就此情节予以这样的褒赞:"拼将一死酬知己,致令千秋仰义名。"鲁迅先生在《中国小说的历史的变迁》一文中也说:"写华容道上放曹一节,则义勇之气可掬,如见其人。"所云"义勇"者,实也"仁勇"也。

《礼记·中庸》:"知仁勇三者,天下之达德也。""知"即"智"。在这"三者"之中,"仁"是核心,"智"即知仁,"勇"以行仁。关羽正是这样一员将"知仁"和"行仁"完美结合以至"达德"的楷模,令人信服,令人钦仰。旧时北京的广西会馆中关帝像两侧有联云:"义道配成仁者勇;险夷不避大而刚。"《孟子·公孙丑上》:"其为气也,配义与道。"又云:"其为气也,至大至刚。"联语集中颂赞关羽为尊"义道"而"险夷不避"的浩然之气与仁勇之德。河南社旗山陕会馆牌坊也有联云:"仁勇义刚,皇汉当年倚柱石;精忠大节,丹衷永世昭日星。""皇汉",指称为"皇叔"的刘备所建蜀汉政权。"柱石",《汉书·霍光传》:"将军为国柱石。"喻担当国之重任之人,联指关羽。"大节",指临难而不易之节操。"丹衷",赤忱之心。联语褒赞关羽仁德、勇武、忠义、刚烈,自是当年匡扶汉室正统所倚仗之栋梁柱石;他精诚忠贞的高尚节操和忠心赤胆,有如日月星辰一般永放光辉,令人钦仰。民国元老、爱国诗人于右任先生在给台湾屏东关帝庙题联时,也将"仁"、"勇"连在一起曰:"独来独往,为英雄本色;大仁大勇,真圣哲楷模。""独来独往",本指特立独行。联指《三国演义》中"美髯公千里走单骑"和"关云长单刀赴会"两回之"英雄"壮举。书中有诗赞之:"独行斩将应无敌,今古留题翰墨间。""当年一段英雄气,尤胜相如在渑池。"联以"英雄本色"和"圣哲楷模"颂扬"仁勇"关羽,确实言之有理,言之有情。令人难忘的是,在抗战初始的1938年春节,山西临县的群众在当地的关帝庙贴了这样一联:"跨赤兔马冲锋歼日寇;提青龙刀陷阵斩倭贼。"众所周知,"赤兔马"、"青龙(偃月)刀"是关羽的坐骑及兵器,联中借代指人。号召人们以"马骑赤兔行千里,刀偃青龙出五关"的英雄关羽为榜样,像他"仁者扶汉,勇者杀敌"那样,卫国保家,殊死抗争,浴血奋战,不畏牺牲,彻底消灭敢于来犯的一切侵略者。联语充分证明了关羽作为"仁勇楷模"对后世的影响,颇有价值。

## 智信的典范发人深省

"智",指智慧、智能、智略等,引申为有知识,有文化,有谋略。《论语·子罕》:"知者不惑,仁者不忧,勇者不惧。"其中"知"通"智"。《后汉书·窦融传》:"智者不危众以举事,仁者不违义以要名。"唐韩愈《与卫中行书》："智能谋，力能仁。"历史告诉我们，关羽虽是一员武将，但绝不是一介武夫，而是具有文韬武略的"绝伦逸群"（诸葛亮赞关公语）。宋苏轼《代侯公说项羽辞》："智贵乎早决，勇贵乎必为。"关公正是这样一位智勇双全的名将，"单刀赴会"、"水淹七军"等作为便是这一形象的生动写照。另外，关羽一生喜读《春秋》，更是为人所称道。清人年遐龄《重修当阳汉寿亭侯关夫子庙碑记》云："自孟子而下读《春秋》者不乏人，而能于《春秋》大义见诸行事之实者，惟（关）侯一人而已。"关羽以"读好书，说好话，行好事，做好人"为自己的座右铭，并告诫儿子关平说："凡将者，不识文，愚者也！"相传关羽在羁留许昌期间，"身在曹营心在汉"，借绘《风雨竹图》以明志抒怀，巧用风雨之际竹叶疏密变化的形态，构成一首五言短诗："不谢东君意，丹青独立名。莫嫌孤叶淡，终久不凋零。"另外，世间还存有关羽的少量著述，如致曹操、陆逊、张辽等人的书信等。其中的《辞曹操书》一篇，清代曾任解州知州的张鹏翮曾言："肝胆皎洁如烈日秋霜，断非后人拟作。"《辞曹操书》（也称《又致曹书》）这样写道："窃以日在天之上，心在人之内。日在天之上，普照万方；心在人之内，以表丹诚。丹诚者，信义也。羽昔受降之日，有言曰：主亡则死，主存则归。新受曹公之宠顾，久蒙刘主之恩光。丞相新恩，刘公旧义。恩有所报，义无所断。今主之耗，羽已知。望形立相，觅迹求功。刺颜良于白马，诛文丑于南陂，丞相之恩，满有所报。每留所赐之物，尽在府库封缄。伏望台慈俯垂鉴照。"（见《关帝圣君圣迹图志》，以下简称《图志》）《三国演义》据此而变作:"羽少事皇叔,誓同生死;皇天后土,实闻斯言。前者下邳失守,所请三事,已蒙恩诺。今探知故主现在袁绍军中,回思昔日之盟,岂容违背?新恩虽厚,旧义难忘。兹特奉书告辞,伏惟照察。其有余恩未报,愿以俟之异日。"这是小说家鉴于全书结构而设计的,既与前面的"屯土山关公约三事"相关联,又为后面的"关云长义释曹操"埋下伏笔。就文字而言,小说中所写远不如《图志》中所载精辟深邃。总之,关羽的《辞曹操书》不是一封简单普通的辞别信函,而是一篇智者披肝沥胆的内心独白,从中可感悟到关羽匡扶汉室之壮志,忠贞不渝之豪情。尤以"丹诚者,信义也"六字,简洁而感人,使关羽"重诺以信"的品节得以展现,发人深省。

"信",儒家的重要道德规范之一,即诚实不欺,恪守信用。孔子将"信"视为"仁"的重要表现之一,既是贤者不可偏离的行为准则,又是治国不可违背的执政原则。《论语·为政》:"人而无信,不知其可也。"《论语·颜渊》:"自古皆有死,民无信不立。"《论语·子路》:"言必信,行必果。"《论语·学而》:"千乘之国,敬事而信。谨而信,泛爱众而亲仁。"孟子在回答浩生所问"何谓善,何谓信"时,答曰:"可欲之谓善,有诸己之谓信,充实之谓美。"(《孟子·尽心下》)也是把"信"视作自己所应当拥有的美德。西汉"独尊儒术"的董仲舒更是把"信"同"仁、义、礼、智"合称为"五常"。宋王安石《辞同修起居注状》也云:"忠者不饰行以徼荣,信者不食言以从利。"在汉末三国纷争的岁月中,关羽可谓"信义卓著"的名将,他始终不渝地恪守桃园结义时的誓词,即使身陷曹营，也不为官爵、金钱、美色所动，真正做到了威武不屈，富贵不淫，贫贱不移。就连作为与蜀汉对立的曹魏之主曹操，对关羽的至诚信义也毫不怀疑。在《三国演义》第二十五回里，写"降汉不降曹"的关羽，"暂请丞相退军，容我入城见二嫂，告知其事"时，曹操的谋士荀恐其中有诈，曹操却说："云长义士，必不失信。"第十七回中，曹操对张辽说："云长挂印封金，财贿不足以动其心，爵禄不足以移其志，此等人吾深敬之。"故福建蒲城关帝庙有联云："至诚之道，孚及豚鱼，虽阿瞒莫敢不服；大义所归，坚如金石，唯使君乃得而臣。"《礼记·中庸》："唯天下至诚，为能经纶天下之大经，立天下之大本，知天地之化育。"《易·中孚》："豚鱼，吉，信及豚鱼也。"王弼注："鱼者，虫之隐微者也；豚者，兽之微贱者也。争竞之道不兴，中信之德淳著，则虽隐微之物，信皆及之。"联语以此盛赞关羽至诚至信的至圣之德，称道就连小名"阿瞒"的曹操也不得不由衷叹服。

纵观关羽的生平活动，"信"也是其思想行为的重要准则之一。关公是"忠信"的楷模，"诚信"的榜样，"智信"的典范，由此而受到世人的普遍赞誉和推崇，同时也让世人深省并传承。就以明清时财雄势大、足迹遍及中外的晋商为例，他们把伦理价值观与关公信仰融汇在一起，把人们对诚信仁义的理性认识，通过具体而生动的实践体现出来。祁县富商乔致庸把经商之道排列为：一是守信，二是讲义，三才是取利。曾以票号垄断金融界的晋商，在培养人才时，除业务训练外，还有专门的职业道德教育。凡入店练习生必须牢记："重信义，除虚伪；节情欲，敦品行；贵忠诚，鄙利己；奉博爱，薄嫉恨；喜辛苦，戒奢华。"故清朝《续文献通考》卷十八这样评价山西的票号："山右巨商，所立票号，法至精密，人尤敦朴，信用最著。"另外，晋商还有这样一个特点，就是在足迹所至的水陆码头、交通要津，都建有规模宏大的"关帝圣庙"作为会馆，"虔修圣像，恭献佛身，而自春徂秋得，矢祀事之诚焉信乎"（《山陕西烟帮重修西会馆关圣帝君正殿记》）。他们之所以将关羽作为拜祭奉祀的主神，远远超出了地域乡情这根纽带相系的范畴，而是主要突出关公文化所蕴含的道德力量对众商行为的潜在震慑，充实和调谐着人们的心理需求和道德崇拜，增强了晋商在神监督下的自我约束力量，从而对诚信晋商的形成起了不可估量的作用。山东聊城山陕会馆关圣殿有联云："伟烈壮古今，浩气丹心，汉代一时真君子；至诚参天地，英文雄武，晋国千秋大丈夫。"的确，晋商具有的诚信守义、勤劳俭约的良好品德就得益于关公文化的熏陶与训鉴，晋商在关公文化的传播上发挥了重要的作用，同时也借助于关公文化的传播，在强手如林的商战竞争中独领风骚，名扬四海。智信典范的关公，不仅对明清时的晋商成功有着极大的推动作用，还以其所代表的传统道德，具有培育和陶冶人们思想情操的教化功能，经过与时俱进的不断丰富与发展，必将表现出更加旺盛的生命力、更加鲜活的感染力，对当今构建诚信和谐社会，促进科学发展，加强文明建设，同样有着令人信服的积极作用。

## 道德的象征催人奋进

将"道"与"德"并举始于孔子,《论语·述而》:"志于道,据于德。""道"指理想的人格或社会图景,"德"指立身根本和行为准则。"道德"合而成为社会意识形态之一,即人们共同生活及其行为的准则和规范。道德由一定社会的经济基础所决定,并为一定的社会经济基础服务。不同的时代、不同的阶级具有不同的道德观念。《韩非子·五蠹》:"上古竞于道德,中世逐于智谋,当今争于气力。"《后汉书·种岱传》:"臣闻仁义兴则道德昌,道德昌则政化明,政化明而万姓宁。"唐韩愈《原道》:"凡吾所谓道德云者,合仁与义言之也,天下之公言也。"关羽正是这样的道德象征。在解州关帝庙崇宁殿内,就悬挂有清文宗咸丰皇帝题书的御匾"万世人极"。"万世",很多世代,形容时代久远。"人极",纲纪、纲常,社会的准则。唐白居易《立制度策》:"夫制度者,先王所以下均地财,中立人极,上法天道者也。"御匾所题四字,内容即指关羽是世世代代都应当敬慕崇奉的楷模和榜样。关羽,作为三国群雄争霸时期叱咤风云的一员战将,生前为将为侯,死后却被封王封帝,进而成圣成神,得到了至高无上的荣耀,以至"显当时而神后世,耀光炳灵,赫著千载",以至"其褒赠之典,代以益崇,而庙祀亦遍天下",以至"庙食盈寰中,姓名走妇孺"。致使千余年来,为历代统治者和百姓万民,上下共仰;从中华大地到东瀛海外,五洲同奉,成为世人尊崇的偶像,形成了史所罕见、极为奇特的关公文化现象。这种超国籍、超民族、超宗教而一致崇尚关羽的趋同性究竟是什么，正是值得我们认真深思的深刻内涵。虽然关羽是在上至皇宫庙堂的帝王将相，下至终生劳作的庶民百姓，包括舞文弄墨的文人骚客、耍枪弄棒的草莽豪勇、勾栏瓦舍的评说艺人、梨园剧场的戏子优伶、远避尘世的僧侣道士等共同的打造下，逐步由"侯而王，王而帝，帝而圣，圣而神"，最终达到了登峰造极的顶端，但关羽这尊"神"还是自有特色的。通常所说的"神"，是当人们不能理解和驾驭自然力量以及社会力量时，便会对冥冥之中的某种神秘力量产生敬畏心理和乞求意识，于是这种虚幻的"神"便应运而生，对其的祭拜与崇奉，究其本质是一种迷信的心态反映。"亘

御匾"万世人极"

万古而为神"（明王世贞《汉寿亭关壮穆侯赞》）的关羽，若以"神"来论，就属于南怀瑾在《中国文化泛言》中所说"民心即天心，神由人兴"之"神"。可以说，是历史的也即真实的关羽提供了坚实的基础，文化的也即典型的关羽塑造了完美的形象，而信仰的也即偶像的关羽促进了全民的崇拜。首先在于关羽有着"报国以忠"、"待人以义"、"处世以仁"、"作战以勇"、"谋略以智"、"重诺以信"的优良品质和高尚道德，而这一切正是有良知者的共同追求，所以几乎就在关羽牺牲的同时，体现在他身上的几近全面的优点，尤其是贯日之"精忠"与参天之"大义"，更多地引起了人们的普遍注视，并渐渐扩大了传播的范围。历代统治者注重关羽的"忠"，于是不断地追崇与谥封，让关羽登上了越来越高的神坛，罩上了越来越亮的光环。大众更崇尚关羽的"义"，所以使其形象能够调谐、适应社会各层次的心理需求和思维定式，得以在民间牢固树立，长久拜祭，期望得到佑护和帮助。事实上，"忠"与"义"是很难截然分开的，同时它们又与"仁、勇、智、信"也有着密切的关联，是相互结合、相互渗透的。正是因为关羽完整地体现了传统文化的道德伦理准则，才使其成为人格化与神格化密切结合的最佳选择，也即形成了人神交融的完臻偶像。说到底，关羽之所以能够成"帝"成"圣"直至成"神"，最根本的原因还在于人们对关羽精神人格和道德形象的由衷钦仰和无比崇奉，是人们文化心理的逐渐汇聚，也是人们普遍愿望的自然凝结，更是人们英雄情结的最佳选择。关羽以其人格的典范、道德的象征、精神的力量等聚合而成为一种文化现象。文化是人类社会物质财富与精神财富的总和，是人类文明演进的过程与结果的表现。关羽由一个历史真实人物成为一种文化现象，是以其个人的品格和道德升华为民族精神的。对崇高的敬畏和向往，是人类的共性。正是历史的进程和社会的发展，才使得关羽的品格和道德成为传统文化的核心价值观，关羽也因此成为社会道德力量的象征，承载了丰富而深邃的内涵。虽然说关羽的品格和道德产生并不断升华于封建社会，但如今依然存活在中国人的经络与血液中，随着对这一文化现象的深入研究与发掘，将会更加鲜活与生动，应当永远成为我们的道德象征和人格典范。著名历史学家吕思勉在其所著《关岳合传》中曾感慨道："夫信义之为生于世也久矣，闾巷之间布衣之交，生死然诺不可相背负，而况于分功协力共任天下事者乎？然此义之不明于世也久矣，有能行之者，其唯三国时代之刘先主与关壮缪。"就连美国芝加哥大学的人类学博士焦大卫也感叹说："我尊敬你们的这一位大神，他应该得到所有人的尊敬。他的仁、义、智、勇直到现在仍有意义，仁就是爱心，义就是信誉，智就是文化，勇就是不怕困难。上帝的子民如果都像你们关公一样，我们的世界就会变得更加美好！"不论是中国专家还是外国学者对关羽品德的赞扬，都充分说明了虽然现今的社会进入了相当高级的阶段，但不管社会形态发生了怎样的变化，物质生活得到了何等的提升，传统道德的内核和精华仍然是必须要坚持和传承的。孔子在《论语·为政》中说："为政以德，譬如北辰，居其所而众星共之。"又云："道之以德，齐之以礼，有耻且格。"如今，我们不仅重提中华民族的"文化纽带"，同时还拉开了"民族复兴"的帷幕，那么有必要在分梳整理传统价值体系中归纳总结，提炼出有益于维护国家统一和民族团结、增强中华民族凝聚力和自信力的精华，作为走向光辉未来的伦理道德资源，而"关羽成神"的历史过程，正好可以提供前贤构建价值体系的重要脉络和线索，值得我们高度重视和借鉴。尤其是关羽何以具有深厚坚实的民间根基、包容四裔的融汇能力、绵延不绝的历史积淀和跨越时空的现实影响，都需要我们认真研究和总结，并重新作出现代性的诠释。关公因道德象征和人格典范形成的信仰文化，早已成为中华灿烂文化的重要组成部分，成为中华民族认同感的重要特征，成为维系海内外炎黄子孙精诚团结的有效元素，成为联结世界文化、促进国际交流的特殊载体。让我们在关羽道德象征和人格典范的感染和激励下，心灵得以净化，精神得以升华，不断拼搏奋进，创新开拓，为促进国家的统一、民族的团结、社会的安定、时代的进步，做出应有的努力和贡献！

# PINPAILIANGDIAN 品牌亮点

关圣故居义勇庙，公侯里社精忠祠。作为关公故里的所在地，运城市盐湖区既有"关庙之祖"的常平祖祠，又有"武庙之冠"的解州关庙，而这两处建筑不仅是关公信俗追本溯源的重要性标志，同时也是"关公故里"文化品牌得以建立的根本性资源。与其他文化品牌的亮点相比较，"关公故里"的最大特点就是同处河东，高度集中，题旨鲜明，相辅相成。这就需要我们对两处建筑中的相关内容予以较为详尽的解读，以便使"关公故里"文化品牌的亮点得以显现，让"天下后世之人，得以景仰神灵，感奋激发"。另外，早在明代韩文《正德修庙记》中就云："自开辟以来，固有为神而祠祀者，孰能如王（关羽）。近而都邑，远而遐荒异域，虽庸人孺子，皆能知王之姓名，慕王之忠义。"可以说，关羽不仅仅是河东运城的，也不单单是三晋山西的，他属于禹域华夏全中国，也属于五洲环宇全世界。为此，我们适当选择省里、国内的一些重要关庙建筑，作为品牌亮点，一并介绍给大家，以飨读者！

## 祖德隆馨的常平关庙

早在殷商时期，祠庙祭祖的活动就已经非常盛行。风格古雅、气势宏大、带有一定神秘色彩的祠堂建筑，是中华民族历时数千年之久的伟大创造，也是中国传统文化深层内涵的一种重要表征。在独特的祠堂建筑文化形式上，集中地体现了中国古代的宗教观念、宗族制度、伦理道德，以及人们在社会生活和审美趣味方面的许多特点与个性。关公英魂归故里，故里家庙祭关公。作为建在"关圣故宅"、"关王故里"的常平关庙,自有不同于别处关庙的地方,"崇尚忠义仁勇,弘扬关公精神"者,理应前往观瞻祭拜。

**关圣家庙在常平**

常平村位于运城市盐湖区西南 11 千米处,这是关公祖辈世居及其出生到避祸出走前生活的故里。隋朝初年,乡人钦敬关公的英

"关圣故宅"石碑

名，仰慕关公的威德，特将其故宅予以修复，并建祠堂每年奉祀，到金代时始成一定规模的庙宇，人们称之为"家庙"。后因关羽的不断追封，庙堂也随之重修或扩建，尊称"关帝祖祠"，俗称"关圣家庙"，亦称"常平关帝家庙"，简称"常平关庙"。现今在距常平村500米许的路上，仍保留有清乾隆年间所刻"关圣故宅"石碑一通。古代官员到常平祭拜关公时，见此碑则文官下轿、武官下马，一律步行进村，以示虔诚崇敬之意。

关圣家庙木质牌坊

关圣家庙关帝像

2006年，常平祖祠被国务院公布为第六批全国重点文物保护单位。现存建筑多为清代遗构，布局严谨，壮观宏敞。进入家庙，迎面是雕有飞龙的石质牌坊，上有"关王故里"四个大字，古朴遒劲，为明嘉靖二年（1523）巡按监察御史王秀立所书。左右的木质牌坊上分别题刻有"灵钟鹾海"和"秀毓条山"，实写关公家庙北依河东盐池，南临中条山脉。有成语作"钟灵毓秀"，此处则将其倒置，突出"灵"、"秀"二字，深情地指出正是此间美好雄奇的自然环境，才孕育出关羽这样优秀杰出的人物。牌坊前有两尊铁铸古人牵狮之像，牌坊后又有遥相对应的钟鼓二楼。

祖祠正殿面阔五间，四周围廊，重檐九脊顶。殿前古柏苍翠，浓荫匝地。殿内木雕神龛装饰精美，上有龙凤驾云降瑞，下有红荷绿叶呈祥，堪称富丽堂皇，极其珍重。有联曰："紫雾盘旋，剑影斜飞江海震；红霞缭绕，刀芒高插斗牛清。"称颂关羽流转斗牛的浩气与威震江海的勇猛。龛内塑像引人注目：关羽身着衮袍凝神端坐，阔耳通鼻，嘴唇紧闭，双目炯亮传神，五缕美髯下垂，头戴冕旒帝冠，手执笏板当胸，神态刚毅而沉稳，既具武将之风范，又显帝王之威严，形神兼备，栩栩如生。这样的造型，表明了关羽生为人臣当执笏、死后封帝可加冕的特殊身份。龛前两侧僚臣塑像均呈恭谦微谨之态，同样自然传神。

**娘娘彩塑属奇珍**

"娘娘"，称后妃。《铁围山丛谈》卷一："国朝禁中……至谓母后，亦同臣庶家曰娘娘。"可见"娘娘"是民间对后妃带有敬意的俗称。关羽18岁时娶妻胡氏，是他的塾师胡先生的女儿。结婚一年后，生子关平。是年关羽因杀恶霸而出走，关夫人潜回娘家，精心育子。直到关羽在荆州安定下来，夫妻才得以团聚。关羽同子关平一道被害后，有说关夫人带子关兴与女银屏逃奔蜀中，也有说其得知噩耗后即以死殉情。后随着关羽愈来愈隆崇的追封，关夫人也因夫贵而妻荣，明神宗万历四十二年（1614），被封为"九灵懿德武肃英皇后"，于是所建之殿，当享受"娘娘"的恩宠待遇。关帝祖祠的娘娘殿，就建在关夫人当年生活过的地方，其意义自是别处关庙娘娘殿不能比拟的。娘娘殿为关公家庙不可或缺的有机组成部分。此殿的建造，充分展示了关公文化中家庭伦理内容所占的重要成分。娘娘殿始建于明嘉靖时期,现存建筑则是清同治九年(1870)重建之物。

娘娘殿居中,为寝宫主殿。前有垂花门,自成院落。东关平、西关兴夫妇殿分置两侧,是为配殿。娘娘殿面阔、进深各五间,为重檐歇山顶建筑。殿内中部设暖阁,阁内置关夫人彩塑坐像:两手当胸持帕,双腿自然垂地,体态丰腴,神情淑静,凤冠霞帔,雍容

娘娘殿

华贵，衣饰大方，柔和自然，比例适度，线条流畅，颜色明快，立体感强，有削一分则显瘦、添一丝则显臃之感觉，堪称完美无缺，恰到好处。特别是那双眼睛塑得活灵活现，观者无论站在哪个角度，都觉得她在注目看你，使人更觉真切自然，栩栩如生。有太原晋祠圣母殿宋代彩塑的神韵，可见技艺达到了炉火纯青的地步，被誉为罕见的彩塑艺术精品。侍者塑像或持帕，或执笏，恭身而立，身姿轻盈。一为原作，一为补塑，原精新劣，塑技颇为悬殊，对比极其鲜明。解州关帝庙寝宫，原本也有圣配祠，即关夫人殿。惜于清康熙年间焚毁，至今并未复建。由此，关帝祖祠娘娘殿就更显珍贵与重要。

**圣祖殿堂祭宗亲**

中国人对于祖先、对于血脉亲缘的情感，相较于世界其他国家的民众，要浓厚得多。南宋理学家朱熹《朱子家礼》卷一《通礼·祠堂》开宗明义曰："此章本合在祭礼篇，今以报本反始之心，尊祖敬宗之意，实有家名分之首，所以开业传世之本也。故特著此，冠于篇端。"也正因此，关帝家庙特建圣祖殿。"圣祖"，帝王的先祖。《汉书·王子侯表上》："大哉，圣祖之建业也！后嗣承序以广亲亲。"因关公后被封帝称圣，故其先祖被冠以"圣祖"之名。圣祖殿位于祖祠中轴线的最后，也是祠中占地面积最大的建筑，五开间，悬山顶，造型庄重，威严肃穆。

现今认定关龙逄为关羽的始祖。关龙逄是夏朝时贤臣，见国王夏桀凶恶暴虐，专横荒淫，忠言进谏，立而不去，为桀囚拘而杀之。为民请命、大义赴死的关龙逢，堪称中国历史上为天下苍生犯颜直谏而死的最早的忠烈之臣，后世称其为忠谏公。其墓冢在今运城市盐湖区安邑社东村，与关公祖籍地相距约20千米。明陈省《鼎新武安王庙颜歌》云："于时美髯万人敌，伟哉河东关云长。丹心不忝龙逢裔，骁雄未许马超行。"清张镇《解梁关帝志·谱系考辨》曰："以忠继，异代同心，渊源固有自也。"说关龙逢正是关羽忠义精神的血脉渊源，所言有一定道理。

圣祖殿内除供奉始祖关龙逢外，还有关公上三代先祖及其三祖夫人像。清世宗雍正三年（1725），追封关公曾祖父为光昭公，祖父为裕昌公，父亲为成忠公，并授一名关氏后裔为五经博士，以延续先祖祭祀。在成千上万的关帝庙中，只有在这座关帝祖祠中，才有资格供奉其先祖。1990年7月9日16时，常平乡一个干部无意中站在殿旁北望，立即看到一种奇异景观：天空中耸起一座三层的红色楼阁，每层之间皆有茂密树木，整整持续了一个小时，到后来观者多达百人。估计这是因日照盐湖池水生成的类似海市蜃楼现象，却也给此间增添了不少传奇色彩。

## 神桑奇柏云虎龙

魂归故里香火盛，花草树木亦含情。祖祠关帝殿前有两棵古柏，分峙左右，极其粗壮。令人称奇的是，古柏有浑然天成的"龙虎"形态，人们称之为"龙柏"和"虎柏"。民间传说，当年关羽不堪豪强凌辱乡里，怒杀恶霸后远走他乡。他因思念家乡和亲人，一日夜梦官兵气势汹汹地前来抄斩关家。值此危急时刻，忽见有从天而降的青龙、白虎到门前雄踞，官兵顿时吓得魂飞魄散，仓皇逃命。关公去世后，乡人建祠以祭，于殿前栽下两棵柏树，竟长成关羽梦中所见"龙虎"之形，好似专门前来守护关圣的英灵。这长势奇特的古柏，附以民间神奇的传说，使关公文化的内容变得更为丰富精彩。

关公故里

圣祖殿前也有一棵古柏，同样长得十分旺盛，其叶团团簇簇，有如朵朵云彩，故称其为"云柏"。特别之处一是树干呈45度倾斜，朝向距此10千米的解州关帝庙。于是当地百姓便传说，关公每天清晨要从家庙走出，由此树上驾云前去解庙做功课，到了晚上又会于此按落云头，回到祖祠安寝休息。特别之处二是北方的冬季常常会有大雪纷飞之日，祠中的其他树上都会堆积雪片，唯有此"云柏"雪落即溶，不见雪花，故又有"热柏"、"化雪柏"之称。人们又传说，这是因为关公每天都要从此经过的缘故。神奇的传说，倾注着河东父老乡亲对于关公的挚爱与钦仰。

娘娘殿前有棵粗约一抱的古老桑树，看似寻常，其实却有着与众不同、神秘绝妙之处。用以称颂帝王的"九五之尊"的"五"字，在它身上有着自然而巧妙的组合与体现。五根碗口粗细的树茎由树干伸出，明显地裸露于地面，延伸约一米又扎入泥土，好似巨龙的五个利爪，牢牢地将大地抓紧不放。在树的主干高约五米之处，不多不少，正好伸出了五根分枝，与地表的五条裸根上下对应，恰似人工刻意雕琢而成。更加令人称奇的是，此树每年自春至冬，要开五次花，结五次果，民间相传因家庙供奉着关氏五代，故与"五"结缘，象征着关家"五世同堂"。国内外游客听后，皆称其为"神桑"！

**祖祠义塔望祖茔**

关帝祖祠中，还有一处与其他关庙不同的建筑，这就是位于仪

常平关庙井塔

门后东侧的砖塔。相传这里原是一口水井。当年关羽除暴安良、怒杀恶霸后，祸及自身并连累全家。父母劝其赶快逃命，关羽执意与父母同生死。年迈的父母行走不便，为断绝儿子的后顾之忧，毅然决然地双双投井自尽。关羽无奈，推墙掩井草草安葬了父母，匆匆上路，洒泪而去。相传"里人为帝有扶汉兴刘之举"，在建家庙的过程中，便在井上筑塔以示纪念。不过现今所见，则是金大定十七年（1177）为奠祭关羽舍生殉义的双亲，特意在古井旧址上修建砖塔。俗称"井塔"，也称"坟茔塔"，尊称"忠义塔"。塔高约15米，八角七层，砖石实心，方形基座，形制优美，坚固稳健，塔身嵌铭数块，记载了历代修建的情况。寺庙建塔司空见惯，家庙建塔较为稀罕。故塔铭上刻有这样的文字："见此塔，不知其为墓者十有八九。"

走出关帝祖祠，迈步向南，在不远处的中条山下石磐沟里，可见一处古柏苍翠，花草芳香，飞瀑如虹，清泉似玉，更有碑碣耸立、石仪俯首之地，这便是关氏的祖茔。在通往此间的路途之中，还留有古代官员祭奠时所建献厅、祭台等遗迹。不由使人想到："祖祠香烛飞紫翠，茔垄松柏傲苍穹。桃园初明义勇志，孤城更见忠贞心。长哀君不百年寿，尤憾身首两地分。魂归故里略欣慰，年年崇祀颂关圣。"如今，关氏祖茔也被列入省级文物保护单位，并且由国家拨款和社会捐助，有计划地开始进行大规模的修葺与扩建。现已建成一座功能齐全、颇具汉代风格的影视城，并在圣像景区处矗立了现今世界上最高的关帝圣像。关羽作为一代叱咤风云、万世永享隆祀的传奇人物，其故里及祖祠祖茔，对海内外的崇拜者有极大的吸引力,他们必将纷纷慕名而来,造访探胜,瞻仰礼赞。

**圣像伟岸祭关圣**

运城因"盐运之城"而得名,借"大运之城"而出名,凭"关公故里"而闻名,以"魅力之城"(2006年被评为全国十佳)而驰名。改地为市以来,在努力提高运城知名度的过程中,当地各级政府纷纷利用各种形式和渠道,以大的举措和动作,坚持不懈地扩大运城的对外影响,其中重要的一条就是坚定不移地打造"关公故里"的品牌,以期达到"只要一说关公,就能想到运城;只要一提运城,首先就夸关公;运城关公称圣,故里就在常平"的目的。2010年6月12日,在我国第五个"文化遗产日"的当天,运城市正式递交申请,宣布申报联合国教科文组织"人类非物质文化遗产代表作名录","关公信俗"就是申报内容之一。在为此而实施的一系列工程中,将常平祖庙与关氏祖茔相互联结为其中一项,除新建一座仿汉代建筑风格的"关帝影视城"外,还于2004年5月26日奠基开工兴建"圣像景区"。

2010年9月13日,在纪念关公诞辰1850周年之际,常平家庙关帝圣像景区内举行了盛大庄重的关帝圣像揭幕仪式。关帝圣像的落成,实为圣像景区开发的首期工程。将常平村南山为台,安放这尊通高80米的关帝圣像。所塑关帝圣像,一手提青龙偃月大刀,一手捋胸前美髯飘须,身躯魁梧,眉目传神,居高临下,伟岸壮观。圣像由中国天瑞集团自2007年1月开始铸造,共用铜500吨,铁

2000吨。就其高度而言,实为现今世界之最:人物塑像高61米,寓意关公在世61年(以虚岁计);基座高19米,寓意关公19岁离开家乡去建功立业。圣像之下又有2万平方米的关圣广场,3200平方米的祭祀台,可容纳5万人,可满足游人香客朝拜、朝圣、祭祀关帝之需求。之后还将建造关圣碑林、关圣度假村等设施。这些围绕品牌建设新增的精品及亮点,定当使"魅力之城"再添魅力,"关公故里"更加神圣。

拜关公

# 武庙之冠的解州关庙

据文献介绍，我国关帝庙的数量，远远超过了孔庙。不过，在众多的关帝庙中，首屈一指、独占鳌头的就是解州关帝庙。这不仅因为它是所有关帝庙中规模最大、保存最完整的一座，而且还因为它是坐落在关公故里的关帝庙。故此庙又被誉为"武庙之冠"，上下五千年，天地孕二圣。文圣孔子生曲阜，武圣关公生运城。解州关庙与曲阜孔庙，一文一武，遥相呼应，构成中华传统文化文武崇拜的两脉之源。正因为如此，才有了"游文庙不游武庙是一大遗憾，到晋南不拜解庙则枉来运城"之说。

## 解州关庙世所钦

解州关帝庙位于运城市盐湖区西南约20千米的解州镇西关，简称"解庙"，俗称"老爷庙"。此处南有中条山为屏，北有盐湖水作障，庙中麟经阁的建筑正好位于北斗星之下。这样的地理位置使此间的关庙更为神圣，格外壮观，自古享有"天下关庙数解州"的美誉。据文献记载，此庙始建于隋开皇九年（589），宋大中祥符七年（1014）扩建，明嘉靖三十四年（1555）毁于地震，再建后又于清康熙四十一年（1702）毁于大火，乾隆十八年（1753）予以重修，历经十余年修葺，才得以基本恢复旧貌。明湖北江陵人曹忭《谒解州关庙》诗曰："条山钟灵地，江水透宗汉心。千古荆门魂不散,三分炎鼎气先沉。英风宇宙人皆仰,血食乡邦世所钦。信有神威镇华夏,愿凭余勇扫氛祲"所说"乡邦",即指故乡。明末清初解州人马淑援《关帝庙》诗云:"忆昔威仪振洛东,高光相望后先空。将军虎威雄江表,帝胄龙兴跨汉中。汤沐漫言休故里,须眉如见动秋风。吞吴灭魏赍遗恨,鞠躬还同诸葛公。"

现今的解州关帝庙是我国传统的"前朝后寝"格局,即前为庙堂,后为寝宫。庙坐北向南。解庙的建筑布局分南、北两大部分,规制

关帝庙

严谨，特色鲜明，气势威严，氛围凝重，置身此间，顿生敬畏之感。南为结义园，北部为正庙。正庙又分前后两部分，坐北朝南，三进院落。前院以端门、雉门、午门、御书楼、崇宁殿等为中轴线，两侧配以石坊、木坊、碑亭、钟亭、崇圣寺、胡公祠、钟鼓楼等；后院则以"气肃千秋"牌坊为屏障，春秋楼为中心，刀楼、印楼为两翼，气势雄伟。前后两院虽自成格局，但又和谐自然地形成一个统一的整体。前后有廊庑百余间围护，形成左右对峙而又以中轴线为主体的古代宫殿式建筑传统风格，庄重典雅，层次分明，跌宕多姿，急缓相间，给人以一种"高山仰止，景行行止"的感觉，颇有王宫帝阙的非凡气魄，故又享有"小故宫"之美誉。1988年成为国务院公布的第三批全国重点文物保护单位。

## 结义园中赞结义

结义园在庙的南侧，由结义坊、君子亭、三义阁、假山与莲池等组成。它仿照当年关羽同刘备、张飞在涿郡（今河北涿州）桃园结义场景设计建造。桃园结义的故事，不见于正史，而见于《三国演义》。不过我们还是可从正史《三国志》中，读到三人"寝则同床，恩若兄弟"、"譬犹一体，同休等戚，祸福共之"的非同一般的描述，所以《三国演义》写出一段感人至深的"宴桃园豪杰三结义"，也是言之有理，言之有据，言之可信的。依"论尊不论齿"、"拜德不拜寿"的原则，年长刘备一岁的关羽排名次之，足见其忠义。纯木结构的结义坊正面坊额书"结义园"，背面书"山雄水阔"，

结义园

字迹工整俊美。

　　步入结义园内，或登山远眺，或亭下小憩，但见轩廊回环，曲池宛转，桃柳夹岸，碧水流淌，格外清幽宁静，温馨舒畅。若是春季到此，桃花艳艳渐入眼，馨香阵阵速沁心，使人犹见桃园结义之景，顿生遐思怀古之情。三义阁因阁内存有《三结义刻石图》而名，为清乾隆年间解州知州言如泗主持刻建的。图宽2米，高1米，其上刻绘"三结义"场景：古树蟠虬，竹枝扶疏，桃花绽放，刘备位居正中，拱手而立。关羽站在东侧，张飞稍后立西侧。全用白描手法，线条交错杂陈，却自然流畅，形象逼真，可见刻艺之高。园内"三分砥柱"影壁前，立有2米多高的圆形砥柱石，观之更赞英雄诚如砥柱，令人钦佩。

清毛宗岗在修订评刻《三国演义》时，仅就"桃园结义"67字的盟誓之词，便分析出有"上报国家"的忠义、"下安黎庶"的仁义、"救困扶危"的侠义、兄弟间"不求同年同月同日生，只愿同年同月同日死"的情义。盟誓之词也许是小说作者的文学性设计，它却来源于刘备、关羽、张飞"同义相亲，同道相成"的事实。在中国不论男女老幼，几乎所有的人都不怀疑"桃园结义"的感人故事，它已经广泛地深入到社会的各个阶层，成为人生天地间意气相投、生死与共、忠诚友谊的理想典范。今游结义园，细观结义图，请记住唐初虞世南之吟咏："心耿耿，义烈烈，伟丈夫，真豪杰，备纲常，古今绝。"

### 三门内外说三门

结义园对面便是关帝庙的南门，即宫殿的正门——端门。门前立有三根交叉铁柱，俗称"挡众"。这是当年文官武将到此必须落轿、下马的警示标志。端门前东西两侧各置巨型铁狮一尊。造型威猛雄健，气度非凡，规模居全庙铁狮之冠。端门为砖石结构，古朴厚重，分三个门洞，中高两侧略低。门楣正面镌刻"关帝庙"三个端庄大字，背面正中题刻"扶汉人物"四字。两侧的门楣上也有刻字，东边的是"精忠贯日"，西边的为"大义参天"。字为楷书，略带隶意，笔力浑圆。端门门楣上的所有题字，集中体现了关帝庙的精髓，把关公文化的核心与特征，和盘托出，简明扼要，格外醒目，印象极深。

端门（正面）

端门（背面）

第二重门为雉门。雉门是专为帝王设置的。当年明神宗、清圣祖等来此拜谒关公，正是由此门进出的。文官和武将则要从两旁的文经门和武纬门出入。皇宫规制在此又一次得以体现。雉门正面上方悬"关帝庙"楷书匾额，字迹工整有力。文经门之东为崇圣祠，祭祀关圣三代先祖。武纬门之西有专祭关圣岳父的胡公祠。祠的右侧为"三贤祠"，原奉周仓、王甫和赵累塑像，后因周仓神像见于午门，故以杨仪替换周仓。左边设"追风伯祠"，以祀关羽坐骑赤兔马。雉门设计巧妙，即临时关闭，搭设棚板，便成可供演出的勾栏式戏台。"演古"、"证今"、"全部春秋"的题额，充分表明了在此演出关公戏戏曲的教化作用。

过了雉门，所见是一处宏敞的厅式建筑，称作午门。午门是关帝庙的第三道门，亦称午朝门，为帝王宫殿的正门，也是群臣待朝或候旨的地方。很显然，此处这座午门是在关公被敕封为协天大帝后补建的，以示关公享有的崇高地位。午门虽然称门，实为过道，纯为仪礼观瞻需要而设。面阔五间，进深三间，单檐庑殿琉璃顶，四周有青石护栏，显得格外庄重。门前设二龙戏珠浮雕御路。门厅内东西两侧的墙壁上，分别彩绘着关公的贴身猛将周仓、廖化的巨幅画像，用以替代昔日毁塌的塑像。不过绘像倒也生动传神，尽显威武恭谨，二人好似正气凛然的门神，仍如生前那般忠勇地护卫着关公。

**崇宁殿里识崇宁**

位于解州关帝庙前院御书楼北侧，是祀奉关羽的主殿，为此间地位最显赫、建筑最精致的殿堂之一。北宋崇宁元年（1102），面对日渐强盛的女真族所建金国的不断入侵，徽宗赵佶期望得到忠义仁勇关公的佑护，使皇位得以稳固，天下得以太平。为此，他将关羽封为"忠惠公"，以其"忠"而"惠"宋也。两年后索性以自己的年号进封关羽为"崇宁真君"，"崇宁"者，崇尚安宁之义。崇宁殿由此而得名。该殿始建年代不详，现存建筑为清康熙五十七年（1718）遗构。面阔七间，进深五间，重檐歇山式屋顶。殿前月台宽敞，勾栏齐备，颇具帝王宫殿气派。檐下额坊雕刻富丽，斗拱密致，殿顶脊饰瓦件全为琉璃，光彩夺目。殿周回廊有石雕蟠龙柱26根，其数量之多实属罕见，雕刻造型和技法均属上乘。有碑文赞曰："殿阶石柱，雕龙飞腾，庙貌宏丽，甲于天下。"其中刻在西廊自南向北第三柱上的飞龙，利爪下抓有一头小猪。它取材于陈寿《三国志》

清康熙帝书匾

清乾隆帝钦定书匾

裴松之注中所引关羽夜梦脚被猪咬伤而后遇害的故事，反其意而用之。以关羽称帝为"龙"而将加害于己的"猪"擒获，用心良苦，别有情趣。这威严挺立的巨型石雕蟠龙柱，使人自然联想到关公道德的美好崇高和关公文化的厚重坚实。

  大殿檐下及殿内悬挂着40余方牌匾。逐一仰视，细细品读，令人肃然起敬。其中以三方清代帝王所书最为精致，引人注目。殿内所悬乃圣祖康熙帝御赐"义炳乾坤"匾，檐口所挂是高宗乾隆帝御墨"神勇"匾，檐下则为文宗咸丰帝御笔"万世人极"匾。牌匾边框四周皆有等级最高的龙形浮雕图，装饰华丽，舒展大方。其余牌匾为清道光、同治及近现代诸时期各界人士所送。殿内木制神龛玲珑精致，供奉着头戴冕旒、身着龙袍、腰系玉带的关公帝王装塑像，正襟危坐，表情肃穆，更显勇猛刚毅，凛然不可侵犯。龛外雕梁画栋，仪仗排列，木雕云龙金柱，自基座盘绕至顶，两首相交，怒目而视，更加烘托出关圣的威严。神龛左右各放一套出行銮驾，东侧为巨鼓，西侧是铁磬，皆为祀拜时配乐所用。殿前还有石制华表、铁铸旗杆、焚表炉及铁人、铁狮等。前檐下有长50厘米的脚印遗迹，相传当年关羽从殿内出来，一脚踏此便腾空而起。后人附会说踩踩关老爷的脚印，即可平步青云，一步登天。于是游客争相一试，乐此不疲。殿前碑亭刻有清和硕果亲王题诗云："英风贯金石，壮节植纲常。庙食遍天下，神栖归故乡。平生一片心，皎如赤日光。当其忠义发，直欲凌太行。万古春秋志，唯公升其堂。入庙瞻遗像，云旆俨飞扬！"

## 春秋楼上话春秋

位于解州关帝庙后院北部,与午门、御书楼、崇宁殿等垂直排列,并以矮墙相隔,自成格局。始建于明万历年间,清同治九年(1870)重建。面阔七间,进深六间,两檐三层,九脊歇山顶,总高近30米,为寝宫主体建筑,也是庙内的最高建筑。因楼内有关羽读《春秋》像,且二层暖阁板壁上嵌有木版镌刻的《春秋》全文,故名春秋楼。关羽一生喜读《春秋》,立《春秋》之志,践《春秋》之义,唯《春秋》之旨,公独得其宗。故于关帝庙中建春秋楼,自是有别于其他

关公夜读《春秋》

宫殿的独具特色之处。相传孔子作《春秋》，闻祥兽麒麟被猎而掷笔，《春秋》因此也称《麟经》，故春秋楼又名麟经阁。楼身中层外檐下即悬挂"麟经阁"匾，为清仁宗嘉庆二年（1797）胡荣光所题，字为行楷，端庄俊逸。

楼顶黄色琉璃覆盖，辉煌艳丽，光彩夺目，脊饰诸多吻兽造像，姿态各异，形神俱佳。檐下花鸟人物图案，雕工精湛，剔透有致。进入楼内底层，迎面神龛上部有"威灵震叠"牌匾，龛内是关圣手捋美髯金身坐像，面相丰满，端庄正视，儒雅沉静，神态逼真，栩栩如生。上得楼去，又见木制暖阁，上方悬挂清和硕果亲王"忠贯天人"匾额。暖阁内有关帝观读《春秋》之像，幞头长袍，略微侧身，左臂垂下，右手捋须，目视《春秋》，凝神专注，有如沉思。遥想关羽戎马倥偬之余，于军帐中挑灯夜读《春秋》，着实令人肃然起敬。又闻古人诗云："汉末才无敌，云长独出群。神威能奋武，儒雅更知文。天日心如镜，春秋义薄云。昭然垂万古，不止冠三分。"

楼内的东西两侧，各有楼梯36级，第二层上又有木制隔扇108面，这恰与山西当时州府县的数目对应，极具关羽"魂归故里"的象征意义，同时又暗合天罡地煞之数，体现着将关羽奉为"天尊"的道教文化的神奇与诡秘。春秋楼本身的结构也奇巧别致，堪称一绝。上层回廊的廊柱，矗立在下层垂莲柱上，内设搭牵挑承。由下往上看，二层之阁仿佛不是从地上建造起来的，有如从天而降般神奇，给人以楼阁悬空的感觉，在我国建筑史上当属孤例。古代能工巧匠的妙手巧思，实在令人惊叹不已。置身楼外栈道，顿时谨小慎微；极目眺望远处，瞬间心旷神怡；历经沧桑变幻，虔诚钦仰不改：

"殆无日不有一关公在天地,无日不有一关公在人心耳!"

**牌坊巧构耸巍峨**

牌坊又称牌楼,是一种中国特有的门洞式建筑,通常起旌表褒奖、炫耀标榜、纪念追思、道德教化、理念体现、情感承载、风俗展示、空间分界、标识引导、装饰美化等作用。正是因为牌坊具有

石牌坊(正面)

多种多样的社会功能、与众不同的外观形态、独具一格的审美价值、古老深厚的历史底蕴、极为丰富的人文内涵，所以牌坊被视为具有悠久历史的华夏文明的一个典型标识，成为代表古老中华文化一种独特的人文景观，在中国传统文化中具有特殊的地位。解州关帝庙内，共有6座木石牌坊，集中表现了历代民众对"武圣"关羽的虔诚崇敬之情、由衷钦仰之心以及深切缅怀之意。

端门东侧有建于明崇祯十年（1637）的一座石牌坊，为四柱三门三滴水五顶式的建筑，檐下施五踩重翘斗拱，造型优美，比例适度。正面书坊名"万代瞻仰"，背面书"正气常存"坊题。皆因"正气常存"，才令人"万代瞻仰"，二者互为因果，相映生辉。坚石象征着永恒，牌坊镌刻着功德。庄严凝重的"万代瞻仰"石牌坊，向后人明确昭示：关公精神是传统文化发展史上一座内涵丰富、底蕴厚重的里程碑。端门西侧有"威震华夏"木牌坊，为四柱三门重檐三顶式建筑。该坊原建于明，清朝及20世纪50年代共3次重修。它既是关公当年显赫功绩的纪念碑，也是关公精神感化世人的功德坊。

午门两侧有两座木牌坊，东为"精忠贯日"坊，西为"大义参天"坊。皆两柱单门单顶形制，规模较小，造型大方。继端门背面匾额已书"精忠贯日"、"大义参天"之后，又专门建坊，足见对关公文化的内涵尤为重视。午门与御书楼之间，又有四柱三门重檐三顶形制的"山海钟灵"木牌坊，以山海的灵秀之气在此汇聚，誉赞关公自是令人钦敬的杰出人物。"春秋楼"前有中轴线上最为高大的"气肃千秋"木牌坊，此坊在颂赞关公浩然之气的同时，更具标识引导作用，让人更加急切地去往"春秋楼"。这正是："人萃精华数关庙，雄秀神奇壮解州！牌坊情真唤客至，祭拜争上春秋楼！"

**浮雕精妙显玲珑**

浮雕是雕塑艺术形式之一，指在既定的平面上浮凸出形象。因其占据空间少，又与圆雕和绘画关系密切，具有较强的依附性和装

石牌坊（背面）

饰性，常与器物和建筑结合，故运用范围较广。解州关帝庙的浮雕众多，引人入胜。如"万代瞻仰"石牌坊正背两面柱头与柱间额坊皆有浮雕，正面上端雕八神将骑马、跨麒麟图。中部又分几层，上层雕十仙足踏祥云拱手相向朝拜图，中间置有香炉，左右站二将守护，所拜之人即位于其上的元始天尊。中层雕天神勇将征战追逐图，场面宏阔，气势非凡。下层雕刘备、关羽、张飞居中而坐图，两侧有随从守候，树木祥云衬伴其间。石牌坊背面所雕主要是与关公密切相关又为人所熟知的故事，有"速斩华雄"、"三战吕布"、"挑袍辞曹"、"过关斩将"、"三顾茅庐"、"义收黄忠"等，就连牌坊的侧门额坊也雕有关公骑马征战图。这些玲珑剔透的浮雕画面，向世人生动地讲述着关公忠、信、义、勇集于一身的传奇故事，使人在潜移默化中产生强烈的心灵震撼，在对关公的肃然起敬中接受传统的道德教育。又如午门门前的御路即为"二龙戏珠"浮雕，台基石栏板36方，每方正反两面各饰浮雕图两幅，共计144幅。内容有"三羊戏耍"、"鲤鱼戏水"、"双鹿戏游"、"犀牛望月"、"王祥卧冰"、"老莱子娱母"等，均包含着传统文化的美好祝愿与深刻勉励。御书楼原名八卦楼，后因清康熙皇帝御书"义炳乾坤"匾改名。这里的台基石栏板28方，有浮雕图110幅。内容有"刘海砍樵"、"麒麟对望"、"兔鹊食葡"、"众猴戏耍"、"姜太公垂钓"等生活场景或民间故事。总之，解州关帝庙中的诸多浮雕，皆以精妙的设计、精美的构图、精湛的制作，精心地将脍炙人口的三国故事与神话传说融为一体，并以祥云瑞兽、神鸟仙花加以点缀，层次分明，形象生动，堪称浮雕艺术宝库中的精品。

### 印刀赏鉴赏刀印

春秋楼前矗立着一座木制牌坊,上有"气肃千秋"四个大字,极为醒目,震撼人心。牌坊的两侧,西有"刀楼",东为"印楼",形制相同,相互对应,与牌坊组成一道坚实的屏障,共同拱卫着神

木牌坊

圣的春秋楼。《三国演义》第一回写："云长造青龙偃月刀，又名冷艳锯，重八十二斤。"第五回又有诗云："阵前恼起关云长，青龙宝刀灿霜雪。"可在《三国志·蜀书·关羽传》中却这样说："（关）羽望见（颜）良麾盖，策马刺良于万众之中。"不言"砍"或"劈"而曰"刺"，可见用的不是刀而是矛或戟。由于民间传说和章回小

刀楼

说的演义，人们认定"青龙偃月刀"就是关羽的兵器，同时它还成了关公的象征。1956年毛泽东主席会见印度总理尼赫鲁时，尼赫鲁说起了美国的原子弹，毛主席笑着说，美国有原子弹，我们有关老爷的大刀。显然是指大刀所代表的关公的忠义精神。现今刀楼所立大刀为木制模型（崇宁殿前檐可见巨型铜、铁青龙偃月刀）。印楼所置是"汉寿亭侯印"的复制品。建安五年（200），关公斩颜良解白马之围，曹操嘉其功，上表以封"汉寿亭侯"。"汉寿"为地名，"亭侯"是爵位。只是后世有人误解，以为"汉"为国号，"寿亭侯"是爵号。明代开国皇帝朱元璋诏令"建寿亭侯关羽庙"，显然就是搞错了。罗贯中在《三国演义》中也依此说，写关羽见"寿亭侯印"而以功微不堪领此名爵，曹操得知后方晓自己有失计较，遂重铸"汉寿亭侯印"再送，关公这回欣然笑纳，曰："丞相知吾意也。"描写倒是生动，情节自是感人，却是严重背离史实，所以清毛宗岗在修订评刻时，便将这个细节删去。不过，"汉寿亭侯"是关羽的最早的封号，故他一生对此都很看重。有联语曰："千百载至大至刚，统是当年浩气；十六代封王封帝，依然旧日亭侯。"

**情真联语联真情**

楹联是祠庙精神传承的主要载体，也是祠庙特殊文化的点睛之笔。民国吴恭亨《对联话》云："山川祠庙，非借文人之题咏，即名胜亦寂然失色。"解州关帝庙午门后檐次间檐柱有佚名联曰："力扶汉鼎，道阐麟经，秉忠义伐魏拒吴，统南北东西，四海咸钦帝君仙佛；气禀乾坤，心同日月，显威灵伏魔荡寇，合古今中外，万民共仰文武圣神。"上联写关羽遵从孔子《春秋》所述之义理，殚精竭虑匡扶汉室正统，在"伐魏拒吴"的征战中，可见其忠肝义胆。由此而被封为"帝君仙佛"，受到"南北东西"各地的尊崇，庙祀遍及"四海"。下联结合关羽"伏魔大帝"、"荡寇将军"的封号，写他浩气充盈天地，丹心映照日月，威名大震，"威灵"尽显，让世间妖孽魔寇无处可逃。"允文允武，乃神乃圣"的关羽，理所当然地让"古今中外"的"万民"同钦"共仰"。春秋楼上有这样一联，句为："青灯观青史，着眼在春秋二字；赤面表赤心，满腔存汉鼎三分。"上联切"春秋"楼名，指明关羽以儒家经典《春秋》培育自己的品德操守，这才得以"青史"留名。下联写容貌精神，颂赞"赤面"的关羽更以"赤心"可贵，因其"赤心"匡扶汉室正统，这才赢得"三分"天下、鼎足而立的局势。联语"青灯"照"青史"、"赤面"鉴"赤心"，对仗工稳贴切，更见思想内涵，堪称上乘之作。春秋楼上还有清末洪洞籍学者翁广居所写三联，其中一副为："北斗在当头，帘箔开时应挂斗；南山来对面，春秋阅罢且看山。"《晋书·天文志上》："斗为人君之像，号令之主也。"后因以"北斗"喻帝王。相传关羽面部有七痣若"北斗"七星排列。上联直言置身此楼卷帘可见北斗星，借喻被尊"帝"封"王"的关羽，有如悬挂当头的明亮之星，指明方向，励人前行。下联借写春秋楼南面巍峨高耸的中条山，巧切楼名而言"春秋阅罢"，"且看山"既是写实，又是比喻。北宋苏轼《题西林壁》诗："横看成岭侧成峰，远近高低各不同。不识庐山真面目，只缘身在此山中。"

道出了平凡的哲理，包括了全体与部分、宏观与微观、分析与综合等概念。"看山"如此，读《春秋》又何尝不是如此。"阅罢且看山"，既写"看山"之从容，更写"阅罢"之彻悟。联语实写暗寓，相得益彰，互为依照，韵味悠长。

**琉璃影壁传神韵**

琉璃制艺是我国古代劳动人民的智慧结晶，多用于寺庙建筑，其中包括影壁，以示典雅和庄重。解州关帝庙中的琉璃影壁共有三处，最主要的一处是位于端门前的"一"字影壁，建于明代。宽 13.15 米，高 6.65 米，厚 1.54 米，由基座、壁身、壁顶三部分组成。影壁中下部为海水波涛、竹筏、轻舟、巨船、游鱼等，上有二龙升腾作戏珠状，两侧又各有一龙盘旋飞舞，四龙中间饰五朵盛开的富贵花牡丹，争奇斗艳。古代多为"九龙壁"，此处之所以建"四龙壁"，则是以"四"与"死"谐音，暗寓关公是"死"后才被敕封为帝的。影壁上面的四条龙升腾盘绕，威猛雄健，具有强烈的动感。"龙"是中华民族的图腾，也是人世间最高权力和权威的象征。在民间传说中，关公的始祖关龙逢就是夏代豢养龙的官员。所以用四条飞舞的神龙作为影壁的中心图案，不仅充分显示了解州关常庙至高无上的尊严，同时也意味着关公文化在中国古代历史长河中源远流长的前后承继关系。影壁上还有凤凰、麒麟、吉羊、欢鹿、雄狮、奔马等动物，以及文殊、普贤、观音、地藏四大菩萨及众多的文臣武将、官吏平民，形态各异，尽显神韵。影壁集灵禽神兽、奇花异

琉璃影壁（局部）

木、天地人间于一体，生动活泼，包罗万象，引人入胜。壁面施黄、绿、蓝诸彩，依造型相区别，深浅搭配使用，凝重古朴而又艳丽夺目，再加布局合理，拼接自然，造型优美，技艺精湛，不失为琉璃制品中的上乘佳作。另外的两处则在雉门、午门，均为撇山影壁。雉门戏台两侧短墙上分别是"龙戏玉珠"、"松风虎啸"图，午门前檐左右两隅则是"桐鹿降祥"、"松鹤同春"图。这两处的影壁简洁明快，喜庆吉祥，和谐典雅，与端门前的"四龙壁"相映生辉，不仅更加丰富了解州关帝庙的景观层次，同时还成为文化内涵与思想信仰的特殊载体，驻足观看，耐人寻味。

## 风雨竹图寓忠贞

相传出生于耕读之家的关羽，习武之余不仅喜读《春秋》，偶尔也能吟诗作画。在羁留许昌期间，尽管受到曹操的礼遇与厚待，依然终日郁闷不乐。"身在曹营心在汉"的关羽，闲暇之余便借画竹以消遣度日兼明志抒怀。自古竹就与松、梅被誉为"岁寒三友"，视作高尚情操、坚贞品节的象征。关羽爱竹画竹，自在情理之中。当他得知刘备下落后，面对义的召唤和利的诱惑，毫不犹豫地选择了前者，即刻挂印封金、拜书以辞，还把两幅所绘之图一并留给曹操，以表明心迹。这便是画中藏诗、诗以画出的关夫子《风雨竹》图，后人将此图镌刻于碑石之上，广见于各处的庙宇祠堂。

《风竹》图描摹竹枝竹叶在风中摇曳之状，认真看去，能发现画中有字，字成画形，参差的竹叶组成这样一首五言诗："不谢东君意，丹青独立名。莫嫌孤叶淡，终久不凋零。"另一幅《雨竹》图也用同样的方法，以竹叶竹枝在雨中的飘摇之形，绘画藏字，也为五言一首："大业修不然，鼎足势如许。英雄泪难禁，点点枝头雨。"全国各地的《风雨竹》图不尽一致，如洛阳关林、登封少林寺、奉节白帝城等，就只有《风竹》一幅，称《关帝诗竹》。明崇祯二年（1629）陈献策为复勒《风雨竹》图所撰碑文曰："盖此画写自帝心,非笔也,非墨也,发其忠精神勇之气,而吐其奇节大义之光!"

关于绘制《风雨竹》图的目的,除上面所叙是留给曹操以表明心迹一说外,另有是针对刘备信中"自桃园缔盟,誓以同死,今何中道相违,割恩断义"的误解而绘,以示自己"义不负心,忠不顾死"的情志。还有是绘来寄寓对结发妻子胡氏思念深情之说。这几种说法由来已久,且流传很广,一直沿袭到现在。不论何种说法,均属言之有理,言之有情,皆是关羽忠义品节的生动说明与最好见证。旧误以农历五月十三为关公诞辰,这天又是"竹醉日",故有以此来解释关公画竹言志致意之由。当然也有"后人伪托"之说,我们即便相信,也只认为伪托者是:伪里藏真情,托中寄雅韵。竹画颂关公,风雨鉴忠贞!

## 庙会节庆乐传承

"庙会",最初指聚会于宗庙。《后汉书·张纯传》:"元始五年,诸王公列侯庙会,始为祭。"后指设在寺庙内或其附近的集市,在节日或规定日期举行。解州关帝庙建成后,朝中官员和民间百姓纷纷前来祭拜,各地的商贾摊贩看到了商机,也都争先恐后地到此做起生意,于是客栈、酒店、商铺等应运而生。这既促进了市镇建设的发展,同时古庙会也由此而形成,后定为每年春、秋各举办一次,时间为农历四月初八的"浴佛节"和九月初九的"重阳节"。这便是:关庙建后而兴,春秋两季常规。果然真热闹,争相来赶庙会。

庙会，庙会，传统使人迷醉！

"年年岁岁花相似，岁岁年年人不同。"在漫长的岁月中，古老的关公庙会尽管年复一年地在办，但是始终走的是老路子，用的是老办法，即一直沿袭着小型、单调的农村集贸模式，封闭保守，因循守旧，缺少创新，纷至沓来的商家和游人，均热衷于销售或购买日常生产生活用品，使得关公庙会极少体现和展示关公文化的丰富内容，更谈不上打造"关圣故里"的品牌和开发与之相关的产品，与各地农村的通常的赶集、庙会大同小异，并无多少特色，以致忙乱过后感到获益甚少，尽显遗憾。这又是：新增货架摊位，众人忙于消费。依然还热闹，购物专逛庙会。庙会，庙会，循规聊以自慰。

自1990年起，为了更好地加快"关圣故里"对外开放的步伐，进一步扩大"关圣故里"品牌的知名度和影响力，运城市政府决定于每年农历四月初六举办为期十天的关公庙会，集旅游、文化、民俗、经贸于一体，又于2006年恢复了始于北宋徽宗年间的"关帝巡城"活动，规模盛大，原来的秋季庙会，则变为规格更高、内容更丰、影响更大的"国际关公文化旅游节"。2011年5月15日，在北京举行的"第二届中国节庆创新论坛暨2011中国品牌节庆颁奖盛典"上，该节荣膺"2011中国十大品牌节庆"称号。这才是：品牌弥足珍贵，注入内涵精髓。适应新发展，庙会变为节会。节会，节会，转型促其完美！

## 金秋大祭开景运

祭祀是中国传统的祀神供祖的仪式。关公正式跻入公众祭祀之列，大约始于宋徽宗执政期间。《宋史·志第五十八·礼八》载，关公被敕封为"义勇武安王"后，从祀于"武成王"（即姜子牙）庙。这是我们目前见到的正史记载"祀"关公的最早材料。至明朝初年，关公由"从祀"升级为"专祀"。清乾隆九年（1744），高宗弘历特颁解州关帝庙祭祀所用《祝文》："惟帝浩气凌霄，丹心贯日。扶正统而彰信义，威震九州；完大节以笃忠贞，名高三国。神明如在，遍祠宇于寰区；灵应丕昭，荐馨香于历代。屡征异迹，显佑群生。恭值嘉辰，遵行祀典。"清末"祭关"典礼达到极盛，规定"行礼三跪九叩，乐六奏，舞八佾，如帝王庙仪"。由于众所周知的原因，关公故里的"祭关"活动中断了将近半个世纪，至1992年才得以恢复。2010年9月13日上午9时，第21届国际关公文化旅游节隆重盛大的"金秋大祭"在解州关帝庙崇宁殿前举行，殿前两侧的石制华表上，悬挂着醒目的大字标语："全球华人共祭关公，四海志士同谱春秋。"参加此次"金秋大祭"的有来自世界各地、台港澳以及大陆数省的团队和当地的群众2000余人。随着嘹亮雄壮的《中华武圣》颂歌响起，隆重盛大、庄严肃穆的"金秋大祭"正式开始。活动结合运城当地民间的祭祀传统，又效法前人祭拜关公大典的礼仪，进行综合编排。祭品用古祭最高的"太牢"规格（整牛、整猪、整羊）。此届"金秋大祭"恰逢运城改地建市十周年，故《祝文》中有这样的文字："孕千年文化,谱十年新章。桥头堡崛起,大通道宽敞。"祭祀乐器用八音之设,乐曲词牌古朴优雅,委婉动听,依明代祭典所用"六和"(中和、凝和、寿和、豫和、熙和、安和)之曲谱写。所献舞蹈也仿效明代"文德之舞"和"武功之舞"编排。悠扬典雅的乐曲,别致生动的舞蹈,把循序有章、遵仪执礼的祭祀活动推向了高潮,将参加者带入了真挚浓郁的虔诚祭拜氛围中,在接受传统习俗、民族风情熏陶的同时,进一步加深了人们对

金秋大祭

关公文化的认识与崇仰。每年的"国际关公文化旅游节"与"金秋大祭",全面展示了运城丰厚的历史文化和璀璨的现代文明,充分彰显了"关公故里"的城市魅力,迅速提升了运城的知名度和吸引力,"大运之城"好运相继而来,"魅力之城"魅力风光无限,"关公故里"的品牌越来越为世界所熟知,越来越受世界所重视!

## 纵横三晋的著名关庙

山西作为关羽的家乡,山西人自然对他的崇仰更是情有独钟。省内的关庙数目之多,超乎想象,不仅兴建在繁华的市、县,更多的则是在偏远的乡村,称之为星罗棋布,纵横三晋,实不为过。据山西人民出版社所出《关公文化旅游志》记载,新中国建立之前,山西省内大大小小的关帝庙共计有1036座,这里再选几处自有特点、颇具影响的关帝庙,列为品牌亮点予以简介,以供有意者伺机前去寻访祭拜。我们坚信,关公作为忠义的化身、道德的楷模、故乡的骄傲,必将世世代代受到三晋人民的拜祭与崇仰。

### 阳泉关庙存世早

阳泉自古有"文献名邦"之美称。坐落在阳泉市郊区荫营镇林里村玉泉山腰的关王庙,即为重点旅游景区之一。据说此庙始建于唐开元年间(713—741),而据碑文所记,曾于北宋宣和四年(1122)重修。就以重修之年来算,也属我国现存最早的关帝庙建筑。庙宇建筑位置坐西南朝东北，背山面阜，北侧与林里村隔河相望。该庙在特殊保护范围的红墙青瓦之内，占地面积近7000平方米，分内外两个院落。建筑以关王正殿为主，由献殿、过门马殿、南北配殿、围插长廊及外院的戏台、大门、忠恕牌坊、落箭亭、饮马亭等，组成一处错落有致、平稳严实、左右对峙、布局合理的建筑群体。尽管庙内大多建筑物为明清遗构，但现存关王正殿当属宋代原构原貌，为研究宋代建筑特点的典型范例。正殿面阔三间，进深六椽，所供金面关公塑像威武雄壮，气宇轩昂，栩栩如生，引人注目。阳泉关王庙环境清幽，建筑古朴，圣殿巍峨，气势雄伟，历经沧桑，保存至今，甚为珍贵，极具历史文化、艺术科学价值。1966年成为国务院公布的第四批全国重点文物保护单位。阳泉关庙存世早，北宋风格价值高，引得游人争相往，顶礼膜拜竞折腰。每年的农历五月十三（旧传为关公诞辰，实为民间相传的关公磨刀日）是当地的传统庙会，现今依此举办"关王庙旅游文化周"活动，届时游人如织，盛况空前。

**定襄关庙见匠心**

忻州市定襄县文化遗产较为丰富，位于晋昌镇北关的关王庙当属其中之一，与原寿圣寺邻近，误为一寺，实为两宇。庙始建于北宋宣和五年（1123），本属地方官民为缅怀、奉祀击败突厥光复定襄的唐代大将李靖而肇筑的昭惠灵显王庙。金泰和八年（1208），当地古稀老人胡汝楫捐资塑关羽像于西庑殿，随着宋金以来朝野崇拜关羽之风的盛行，遂改称"关王庙"，元至正六年（1346）重修，明清两代又有补葺。关羽宋代时被封为忠惠公和昭烈武安王，明清始封为"帝"，故元代以前之武庙均称关王庙。此庙关王殿仍是宋代原构，坐西向东，面阔三间，进深四椽，歇山顶琉璃脊饰，鸱吻高大华丽，前檐明间特宽，平柱约与后檐次间中线相对，柱上栏额肥大，次间栏额伸至明间砍成雀替，犹如门楣形制。殿内设前槽二金柱，梁架彻上露明造，三椽与前乳在金柱上搭交。该殿斗拱特殊，其结构形制达八种之多，前檐补间三垛，两山及后檐各设一攒，用材较厚，出跳偏长，为他处所罕见。殿内壁画，取材于《三国演义》故事，由82名工匠于清嘉庆八年（1803）集体创作。就为数不多的彩绘遗存来看，依然可见用线饱满流畅，运笔自如洒脱，尤以关羽的造型最为引人注目，细微之处尽显其英勇无畏之气势。庙内金、元、明、清碑刻，对关羽封号及其修建经过记述甚详。2006年成为国务院公布的第六批全国重点文物保护单位。

**寨里关庙看献殿**

运城市因为有了享誉中外的常平祖庙和解州关庙，所以同在盐湖区另一处的关帝庙并不为人所知，也鲜有人问津。这就是位于盐湖区北部20千米的泓芝驿镇寨里村内的寨里关帝庙。该庙始建年代不详，历经战争与动乱，大部分建筑已毁，仅献殿独存，难能可贵。由于所存献殿为元代建筑，由此而为人们所重视，于2006年被国务院列为所公布的第六批全国重点文物保护单位。献殿始建于元大德十年（1306），明嘉靖十年（1531）城内张天禄出资扩建，仍保留始建时木构特点，又在献殿左右各建单披式廊房六间。献殿坐北朝南，面阔五间，进深四椽，单檐歇山顶。无栏额，正面檐下施通圆木大额枋，其上施斗拱十一垛为四铺作单下昂，梁架结构彻上露明造，前檐的大梁放置在通面额之上，不与下面的立柱相对应。次间外的两根柱子略向中间靠近，皆为移柱造。从外观上看显得梢间较宽敞，而次间较狭窄，这种结构在古代建筑中较为罕见。四椽与平梁上皆施彩绘，与大殿同期，极具艺术价值。寨里关帝庙献殿保护修缮工程项目已经有关部门批准立项，由国家拨款和地方自筹的资金也全部落实。相信不久的将来，饱经沧桑的寨里关帝庙献殿，一定会焕发出新的生机活力，与陆续修复的原有建筑和新增的设施，共同为文物的保护与旅游的开发做出自己的贡献。

**龙香关庙寓龙兴**

运城市新绛县古称绛州，是国家级历史文化名城，被列入国家级文物保护单位的就有八处，其中就包括位于龙兴镇龙香村内的龙香关帝庙，属2006年国务院公布的第六批全国重点文物保护单位。龙兴镇因同为国家级文物保护单位的龙兴寺而得名，该寺始建于唐，因供有碧落天尊像，初名碧落观。唐高宗咸亨元年（670）改称龙兴寺。宋太祖赵匡胤寓居于此，易名龙兴宫。后因僧侣居住，得以复名龙兴寺。《左传》所载"龙见于绛郊"，即指龙兴村。龙香关帝庙创建于宋代，后历代屡有重修。庙坐北朝南，沿中轴

关公（仿铜浮雕局部）

线依次有现存的戏台、献殿及正殿。据形制判断，正殿当属元代遗构，其余则为清代所建。作为元代遗构的正殿，面阔三间，进深三间，悬山式屋顶，四铺作单下昂斗拱。殿内用减柱法，梁架结构为四椽通檐用三柱，用材硕大，更显厚重。殿内有关羽、关平、周仓等七尊彩塑，也为元代的作品，弥足珍贵。另外，新绛县古交镇泉掌村也有以村名命名的关帝庙，为省级重点文物保护单位。明弘治八年（1495）创建，清顺治、乾隆年间重修。现仅存大殿，坐北朝南，面阔三间，进深两间，重檐歇山筒瓦顶。四周有围廊，石雕龙柱，活灵活现，极为生动，充分表现出了古代绛州青石雕刻的精湛技艺。西南角一根留有"大明成化年"字样的石柱，堪称该庙的名片。属于县级文物保护单位的关帝庙在绛县至少还有八处。

**元遗关庙在平城**

大同市是山西省第二大城市，也是首批入列的"中国历史文化名城"。北魏时曾建都于此，称为平城。大同以其特殊的地理环境和众多的地面文物引人瞩目。据载，清代大同城内仅关帝庙就有16座，其中以鼓楼东街的关帝庙最大最古老，故俗称大庙。虽然该庙创建时间无考，但旧有元泰定年间敕降封号紫石卜碣（现已不存），再通过明清碑文所记，以及对庙中大殿建筑特点的考证，可以认定其属于元代遗构，这也是大同市唯一的一处元代建筑，现已被列入省级文物保护单位。主要建筑沿中轴线依次为山门、过殿、大殿、春秋楼，另有碑廊、三义阁、君子厅、结义堂等。正门前的牌匾上书"大义参天"四字，格外醒目。门前有木构牌坊，左右竖旗杆一对，威武雄猛的铁狮分立两旁。山门对面有造型别致、装饰精美的元代戏台一座。正殿前有石桥与泮池，雕栏柱头，极有特色。现存大殿设有台基，由平地立柱砌墙，面阔三间，进深三间，单檐歇山顶，上覆琉璃瓦。殿内后端置内柱两根，柱间各置雕刻精细的木质神龛，两边墙上绘有表现关羽生平功绩的壁画。大殿结构严谨，浑然一体，尤以斗拱施布，匠心独运，颇有独到之处。清代增置的平棋藻井上绘制龙形图案，神采飞扬，别具一格。殿前面阔三间、进深两间的抱厦，也为清代所增建。2010年10月20日，大同市举行了关帝庙修缮工程竣工庆典。这正是：关圣辉映平城，福佑天下大同！

## 太原关庙亦恢宏

据史料记载，清道光年间，山西首府太原有27座关帝庙，现今保存规模最大、形制最完整的一处，即迎泽区庙前街的大关帝庙。该庙始建于宋，金元年间时毁时修，现存为金元基址上的明代建筑，占地约3500平方米，为省级文物保护单位。大关帝庙坐北朝南，为前后两重院布局，中轴线上依次为山门、正殿、春秋楼，两侧分别为钟楼、鼓楼、碑廊、厢房、围楼等。临街的山门虽不大，却古色古香，精致庄重。在"万世人极"的匾额下，楹柱上有蓝底金字联云："行义常昭为圣为神名垂万古；天心可协允文允武威振八方。"

正殿又称崇宁殿，面阔进深各三间，歇山琉璃瓦顶。富丽堂皇。殿内塑头戴冕旒、身着龙袍的关公坐像，面向东南，目光如炬，不怒自威。后院主建筑是春秋楼，楼顶满铺彩色琉璃，光泽夺目。一楼有关公戎装坐像，左右是关平和周仓，一个捧印，一个持刀，表情严肃，神态威武。二楼供奉关羽夜读《春秋》塑像，右手扶案，左手拈须，显得格外端庄神勇。春秋楼的两侧又配有刀楼和印楼，既自为格局，又相互依存。旧时每年农历五月十三日，这里都要举行隆重的大祭。有民谣曰："行商坐贾求利市，秀才举子望功名。平民百姓盼福寿，习武兵丁祈安宁。"此习俗相沿至今，改为一年一度的盛大庙会。另外，大关帝庙还在每年农历八月初八日举办青龙偃月刀开光大典。

## 全国各地的重要关庙

元代郝经《顺天府重建汉义勇武安王庙记》曰："（关羽）英灵义烈遍天下，故所在庙祀，福善祸恶，神威赫然，咸畏而敬之，而燕赵荆楚为尤笃。郡国州县，乡邑闾井尽皆有庙。"事实正如此，在祖国广袤的土地上，供奉关公的寺庙无处不在，古人所说关公"祠庙遍天下"名副其实。总的来说，全国的关帝庙难以胜数，又因其地境的不一与形制的差异，展现出了各自不同的特点。这里着重选择与关公一生行止直接相关的以及最具特殊意义的部分关庙，作为品牌亮点予以简述。

## 涿州桃园三义宫

三义宫，又名三义庙，位于河北省涿州市松林店镇楼桑庙村。涿州是刘备、张飞的祖籍，楼桑庙村更是刘备的故里，后也成为关羽因怒杀恶霸而离家出逃的寄居之地，更成了他与刘备、张飞英雄相惜、"桃园结义"之地。关羽由此"随先主（刘备）周旋，不避艰险"，彻底改变了自己的命运，在横刀立马、纵横驰骋的征战中，逐渐成为"精忠贯日，大义参天"的杰出人物。后人为纪念这颇具传奇色彩的"三结义"，于隋代始建三义宫，后历代均有修葺。明正德三年（1508），武宗皇帝亲赐玺书"敕建三义宫"。整座宫宇规模宏大，气势雄伟，文化底蕴丰厚，自古便是访桃园之拜、觅忠义之魂的重要场所。历代帝王将相、文人墨客、庶民百姓争相来此，瞻仰祭拜，流连忘返。清代王锐新《咏楼桑》诗云："千秋正统垂青史，两字公平定紫阳。多少称王称帝者，问谁庙貌似楼桑。"令人遗憾的是三义宫被毁于20世纪60年代末期。1996年涿州市旅游文物局经多方努力，按照历史上的建筑布局和规模进行了修复。重建后的三义宫，采用明代传统的三进院落格局，以主体建筑为中轴线，由外向里依次为山门、马神殿、关羽殿、张飞殿、正殿、少三义殿、退宫殿、五侯殿，同时按照原有的形式，精心制作共计87尊栩栩如生的人物塑像，在突出"三结义"的主角刘备、关羽、张飞的同时，还生动地再现了包括诸葛亮、赵云、马超、黄忠等三国时期蜀汉的大部分文臣武将。如今的三义宫以古老的神韵、崭新的姿态，迎接着国内外慕名而来的游人，三义宫中有这样的宣传语："三国演义从这里开篇，桃园义气到此处寻根。"的确，身临三义宫其境，人们会情不自禁地回忆起那久已逝去的刀光剑影的三国纷争，真实可信地体悟刘备、关羽、张飞志同道合、气吞山河的"忠义诚信"豪情美德。

## 许昌楼桥证雄风

《三国志·蜀书》载:"建安五年(200),曹公东征,先主奔袁绍。曹擒羽以归,拜为偏将军,礼之甚厚。"曹操所赐关羽府宅,即其秉烛达旦夜读《春秋》之处。后人为昭彰关羽忠义,于元世祖至元年间(1264—1294)建庙以祀之,内有一楼以"春秋"名之,俗称"秉烛达旦处"。春秋楼景区位于河南省许昌市中心,文庙前街中段现已成为一处明清风格的古建筑群,属河南省重点文物保护单位。修复后的春秋楼景区,依然保持"两院英风"的格局,外院中轴线上依次为雉门、钟鼓楼、春秋楼、刀印楼、关圣殿。关圣殿面阔七间,进深三间,殿内供有高13米的关羽塑像。内院为园林建筑风格,有问安亭、甘糜二后宫、挂印封金堂及附属建筑。清乾隆年间知州甄汝舟有《春秋楼》诗:"秉烛中宵暂避嫌,宅分两院亦从权。依曹不久仍归汉,留得英风在颍川。"所说"颍川",即许昌别名。

许昌市城西4000米石梁河上有灞陵桥,又名八里桥。相传关羽挂印封金后,护皇嫂去寻皇叔,行至此桥时,曹操率众僚赶来赠袍饯行。关羽恐其有诈,立马桥头,以刀挑袍,然后辞曹而去,开始了"千里走单骑"、"过五关斩六将"的壮举。原桥已被洪水冲毁,新修之桥全长121米,主跨57米,宽6.2米,单拱双柱,柱承栌斗,青石栏板上有浮雕画像,桥东阅台正中入口处有通高9米的关羽提刀勒马塑像,桥的两侧有相传唐代"画圣"吴道子所绘《挑袍图》、清代书法家滕之瑚所写《辞曹书》石碣各一通,桥旁还有"汉关帝挑袍处"石碑，为明末总兵左良玉所题。甄汝舟又有《八里桥》诗曰："野水四堤浸柳条，道边残碣记前朝。长髯勒马横刀处，万古英风八里桥！"桥西关帝庙有山门、钟鼓楼、大殿、厢房等，此庙最为独特之处，就是在其正殿中将关羽和曹操一同供奉。

**荆州关庙古江陵**

荆州位于湖北省中部偏南，南临长江，北依汉水，由于境内地无高山，所有皆陵阜之属，故旧称江陵，是国家级历史文化名城。荆州镇巴蜀之险，据江湖之会，为历代兵家必争之地。古城传为三国时蜀将关羽所筑。关羽曾在这里总督荆襄九郡诸事十年有余，留下了许多惊天地、泣鬼神的英雄事迹。关羽不幸去世后，这里成了他后裔世袭江陵的袭地。明洪武二十九年（1396），在荆州古城南纪门内相传为关羽督守荆州时府邸故基上始建关帝庙，清顺治七年（1650）、雍正十年（1732）两次重修并扩建。雍正十年时，庙内除奉祀关羽外，其曾祖、祖父、父亲亦受祀，其子关平，部将周仓及杨仪、马良皆从祀。一时庙宇森严，规模宏伟。令人气愤的是，日军侵华期间，庙宇遭到严重破坏，文物散失无数。1987年，经原江陵县人民政府及国家旅游局筹资，按清乾隆县志所载图样在遗址上复建。步入仪门，可见上方高悬乾隆皇帝"泽安南纪"之御匾。"威震华夏"之匾挂于大殿正门之上，这是同治皇帝的御笔，殿内还有雍正皇帝御赐的"乾坤正气"匾额。大殿内供奉有高丈余的关公塑像，身着重铠，长髯飘拂，目光炯炯，威风凛凛。两侧的关平、周仓塑像，显得粗犷矫健，彪悍勇猛。大殿两旁墙壁上，绘有"镇守荆州"、"迎亲救主"、"义释曹操"、"单刀赴会"、"驰援当阳"、"水淹七军"、"刮骨疗毒"、"父子英魂"等巨型壁画，再现了关羽"忠义仁勇"的英雄形象和荆州民众对他的颂赞景仰之情。在大殿和结义楼之间的甬道上，耸立着一尊威严豪放的关公雕像。这是 2003 年 5 月，由世界关公文化促进会会长雷震寰、美国纽约关帝庙主席冯德鑫共同捐赠的。这尊雕像来历不凡，系北京关公文化传播有限公司请人在解州、洛阳、当阳、荆州四处关庙取圣土与灵灰，再由名家精心合制雕刻而成，寓"关圣帝君身首魂合一"之意，耐人寻味。

**身葬当阳祭关陵**

关陵在湖北当阳县城西北 3000 米许，东临江汉，西接巴蜀，南望荆州，北连襄阳，是关羽生前建功立业取得过辉煌胜利的地方，也是他兵败被俘英勇就义的地方。关羽殉难后，吴主孙权将其首级函封送与曹操，以诸侯礼葬其尸身于当阳。初为土冢，南宋淳熙十年（1183）始建祭亭，明成化三年（1467）始建庙宇，明嘉靖十五年（1536）予以整修，此时关羽已被敕封为"帝"，遂以帝王墓称"陵"始名关陵。清代也曾重建和增修。陵园内主体建筑有神道碑亭、石牌坊、三圆门、马殿、拜殿、正殿、寝殿，其他附属建筑如钟楼、鼓楼、八角亭、春秋阁、启圣宫等，排列在中轴线两侧，主次分明，错落有致。可谓楼阁参差，殿堂森严，丹垣环绕，规模宏伟。清代有四位皇帝来此祭陵时御题匾额，分别是嘉庆、道光、咸丰、同治皇帝的"灵威攸宅"、"声灵如在"、"万世人极"、"威震华夏"，对中国历史上最为耀眼的将星表达了由衷的敬意，并予以极高的评价。关羽墓冢在寝殿之后，为一圆形土阜封堆，高7米，周70余米。墓冢以青石垒砌，四周环以矮垣，上有扶栏，栏板上雕有花草动物图案。墓前碑亭，亦甚古朴，亭楣刻有五言短联："群山拥神宅；抔土涵太虚。"言简意赅，喻义深远。关陵保存有许多名人碑刻，

当阳关陵

其中珍贵的有"关云长圣像碑"和明代文学家袁宏道、袁中道兄弟撰写的诗文碑记。关陵内的树木有三异：一是不论松柏桑榆，所有树木均没有树梢，传说这是因为关羽的遗骸无头而致；二是围墙之内树身都朝着墓冢的方向倾斜，仿佛行躬身朝拜之礼；三是垣墙内外的树木长势迥然有别，对比鲜明，令人诧异。

## 圣帝显灵玉泉涌

《关帝志》卷一《灵异》载："天台智者，以隋开皇十二年（592）至当阳，上金龙池，月夜有具王者威仪二人，一长而美髯丰衣，一少而秀发。长者前致词曰：'予汉前将军关某也，彼某子平也。汉末纷扰，事不果，愿死有烈。上帝命主此山，敢问大德圣师何在驻足？'智者曰：'欲建立道场耳！'神曰：'愿愍我愚特，垂摄受此去一舍，山如覆舟，厥土深嘉，吾当为力建一刹供护佛法。愿师安禅七日，以须其成。'师既出，定湫潭万尺，化为平陆，栋宇焕丽，巧夺人目，神既受五戒。智者言于晋王广，上其事，赐以佳名。而公遂为此寺伽蓝矣。"所说"此山"，即距湖北当阳县城西15千米的玉泉山，又名覆船山。"金龙池"即此间珍珠泉。"天台智者"名为智𫖮天台宗的创立者。隋炀帝杨广为晋王时，曾迎请他"为授菩萨戒"，尊称其为"智者"。相传汉末曾在氾水关镇国寺救过关羽的普净禅师，后来在玉泉山结草为庵，坐禅参道，某日三更之后，见关公显圣，大呼"还我头来"。普净上前予以点化，关公顿悟，稽首皈依而去，后往往于玉泉山显圣护民。

南朝废帝陈伯宗自称夜梦关羽,遂下令在玉泉山为其建庙祭祀。后智顗大师讲法于此,正式定名为玉泉寺,与浙江国清寺、江苏灵岩寺、山东栖霞寺并称天下丛林"四绝"。据《关帝志》所载,智顗大师也在此见关公显灵,并将关羽尊称为护法伽蓝神。至今

玉泉山关公显圣处

在此仍可见"汉云长显圣处"望柱。玉泉寺一联构思巧妙，剪裁精当，广为传播，极具影响，联句云："赤面秉赤心，骑赤兔追风，驰驱时无忘赤帝；青灯观青史，仗青龙偃月，隐微处不愧青天。"明代袁中道有《五月十三玉泉道中》诗："千山万山雨忽至，大珠小珠沸溪里。此是关公洗刀雨，沾身也带英雄气。"不仅再现了玉泉山关公显圣的传说，同时还记述了相关的信俗文化，并借题发挥，托古咏怀，耐人寻味，发人深思。

**头枕洛阳瞻关林**

关羽被杀害后，孙权深怕刘备起兵报复，遂以木匣盛关羽首级，派人星夜送往洛阳。曹操识破其计，乃刻沉香木为躯，以王侯之礼，厚葬于洛阳南门之外，这也就是民间所说关公"头枕洛阳"的由来。初时称作"关冢"，明代建庙。关羽谥封为"圣"后，便以"圣人墓为林"始称"关林"，与山东曲阜"文圣"孔子墓称"孔林"同。关林坐落在洛阳市南7000米处的关林镇，北临洛水，南望伊阙，风景秀美，规模宏伟。主体建筑有祭祀关羽时唱戏的舞楼，舞楼正北对着上书"关林"的大门与悬有慈禧太后"威扬六合"题匾的仪门。2011年在两道门上悬挂新近撰书镌刻的联语："千年沧桑忠义仁勇以君为鉴；百代风骚孝礼信智唯公是胆。""浩气丹心灵首于此享豆俎；忠肝义胆神威由斯扬乾坤。"再往里沿御道直通拜殿，是过去文武百官祭祀关公的场所。殿门上"声灵于铄"的巨匾，为乾隆皇帝御笔。作为关林的主殿，大殿内有关羽坐像，金面凤眼，帝冠威然。上方高悬光绪皇帝书"光昭日月"匾额的是二殿，也有关羽坐像一尊，身着绿袍，足蹬战靴，蚕眉紧蹙，目光炯炯，面向东南，世人称之为"关羽怒视东吴戎装像"。三殿有关羽夜读《春秋》像，还附有一睡像。此睡像能翻身坐起，怒目圆睁。其后就是埋有关羽首级的墓冢。冢墙正中，有石门一道，为清康熙四十六年（1707）所建，额上题有"钟灵处"三字，并配有联曰："神游上苑乘仙鹤；骨在天中隐睡龙。"冢前的八角

关林

亭内，存刻有关羽封号的石碑。冢前还有石坊两座，上面刻有题记。关林经过历朝的修葺扩建，现已成为洛阳著名的历史遗迹，同时也是全国重点文物保护单位。自1994年以来，洛阳年年举办关林国际朝圣大典，引得海内外游人香客纷纷前来朝拜，其规模之宏大、礼仪之隆重、香火之鼎盛，已蔚为大观。

**皇家武庙在承德**

河北省承德市区北部有著名的避暑山庄，是清代皇帝夏日避暑和处理政务的场所，故又称热河行宫。山庄建筑物达110余处，总面积564万平方米，为北京颐和园的两倍，是我国现存占地面积最大的古代帝王宫苑。在避暑山庄正门丽正门西南侧宫墙外20米处，有国内唯一现存的皇家武庙——承德关帝庙。该庙始建于清雍正十年（1732），乾隆二十五年（1760）进行了修葺增建，乾隆四十三年（1778）时再次大规模扩建，在主庙区的前部两侧新建了跨院，并将原来主殿的灰瓦泥顶改为黄色琉璃瓦顶，使其升格为皇家寺庙。乾隆皇帝还亲题"忠义伏魔"的匾额，并立御碑两座。竣工之日，乾隆皇帝又亲自进庙拈香瞻礼，后还多次遣臣代为礼祭。重新修建后的关帝庙更加宏伟壮阔，布局谨严，设施齐备。旨在借助对关公忠义精神的推崇，达到民族团结、国家统一的目的。自此，这里便成了朝廷官员、各族首领及外国使者崇仰祭拜关圣帝君的重要庙宇。道光八年（1828），热河都统为迎接圣驾，在对关帝庙进行修缮的同时，又增建了迎圣亭和临街游廊。尽管道光皇帝没有来，但新增的建筑更突显了皇家气势。同治十三年

（1874）再一次重修关帝庙，将庙基抬高约67厘米，显得更加巍峨雄浑。历经几百年的沧桑，承德关帝庙遭到严重的损毁。在"科教兴国，以德治国"的新时期，有关部门筹资对其进行了大规模的修复和部分重建，于2002年11月底完工。引人注目的是，庙内大殿共有1000尊关公金像，除正中的金身所塑就大像外，其余的999座关公小金像就陈列在两旁的玻璃柜中。另外突出的一点是，大门上除了"关帝庙"题匾外，又有"武财神"匾额高悬在上，使关公文化更加丰富，关公信仰更加全面。每年正月初一至十六，承德关帝庙都要举行"拜太岁赐福迎财法会"，对游人信众免费开放。

**东山关庙久闻名**

福建漳州东山，素有"海滨邹鲁"之称。东山关帝庙，坐落在铜陵镇的东门内，又称铜陵武庙。据载，此庙始建于明洪武二十二年（1389），之后屡有重修。虽然从占地面积与建筑规模来看，比不得北方关帝庙的雄浑气派，但其由于独特的地理位置和特殊的人文因素，衍生了众多实物和古迹，演绎出无数故事和传说，使之自明清以来就享有盛誉，中原的关公文化得以在闽台广泛传播，因此东山关帝庙有了"天下第五关庙"之称，同时还是台湾众多关帝庙的香缘祖庙，属国务院公布的全国重点文物保护单位。1989年，到此朝拜的台湾同胞就专程敬献了"追源谒祖"的匾额。庙依山而筑，规模壮观，远望似苍龙舞海。庙门呈宫殿式，用6根石柱拱以数百支斗梁，结构严密。梁上还建有饰以琉璃瓦顶的亭阁，历经无数次的台风、地震侵袭，至今安然无恙，令人称奇。庙内主殿高悬着清咸丰皇帝御赐匾额"万世人极"，殿中同时供奉两尊关帝神像，前面一尊称作"镇庙神"，按《三国演义》中描绘的形象塑造，气宇轩昂，栩栩如生。后面的一尊坐在轿内，是可以搬动的。每逢与关公相关的节庆，均要将这尊神像抬出，在东山的大街小巷巡游，以示福佑苍生，恩泽百姓。1995年还曾被迎请至台湾巡游长达半年。主殿的石柱上悬挂有明武英殿大学士黄道周撰书的一联："数定三分扶炎汉，讨吴伐魏，辛苦备尝，未了平生事业；心存一统佐熙朝，伏魔荡寇，威灵丕振，始完当日精忠。"庙右即黄道周出生地"石斋故里"，他一生存忠孝，尚气节，显然与自幼尊崇关帝分不开。所撰此联广见各地，影响深远。东山关帝庙还是集瓷雕、木雕、石雕为一体的闽南民间艺术博物馆，以其古老的历史和精湛的工艺，成为史学家和建筑学家们热衷前往的地方，更以丰厚充盈的关公文化传承，在海峡两岸架起了一座桥梁，如同绚丽的彩虹，灵光普照，祥云生辉！

**藏胞尊神同钦敬**

清康熙六十年（1721），清朝派大军进藏平定廓尔喀骚扰后，开始在西藏留驻清兵。清朝是关公信仰的鼎盛时期，驻藏清兵首先在日喀则集资建起了关帝庙。半个世纪后的乾隆五十六年（1791），廓尔喀人再次入侵西藏，朝廷派福康安于次年率军入藏，与驻藏官兵联合作战，将入侵者逐出边境。将士们认准在边陲险恶的环境与气候中，能七战连捷击败以骁勇善战著称的廓尔喀人，一定是"武圣"关羽在冥冥之中显灵护佑，于是自发地捐资，在重修日喀则关帝庙的同时，由大将军福康安和当时的摄政王拭呼图克图共同主持，在拉萨布达拉宫以西巴玛热山顶新建关帝庙。巴玛热山顶平坦，形似磨盘，故又称磨盘山。庙内立有"平廓功德碑"，并恩请乾隆皇帝御赐关帝庙匾额。在这之后，江孜、定日、工布江达也相继建起了关帝庙。清代西藏高原所建5处关帝庙，风格一致，均在大殿内供奉关公、关平、周仓的塑像。现今保留并得到修葺的是磨盘山关帝庙，已被列为西藏自治区重点文物保护单位。当地的藏族同胞称该庙为"格萨拉康"，这是将关帝善意地视为藏族史诗中的英雄格萨尔王，故在关公塑像左侧，还供有格萨尔王神像，一道接受焚香祭拜，虔诚钦敬。从泱泱中原汉文化象征的忠义仁勇的关公，到藏地高原传说中无往不胜、令人景仰的格萨尔王，可见在两个民族文化中，对伟大英雄的崇拜是完全一致的。正殿后面的佛堂，为"文殊殿"。殿内主供文殊菩萨，两面则是观世音和金刚的塑像。这就让我们不难理解，为什么在文殊菩萨道场的五台山会有藏传佛教的喇嘛庙。宗教文化的融汇产生了一样的情结与共识，不由使人感受到了寻求统一、维护团结的共同追求与企盼。值得欣喜的是，被称作"一庙望四国"的世界上海拔最高的定日关帝庙，在当地政府及各界人士的共同关注下，也已被列入了修复的计划，我们期待着。

**新疆关庙保安宁**

新疆哈密的关帝庙，有"天山第一庙"之誉。一是因为始建年代久远，二是所处位置在天山顶部。唐贞观十四年（640），高昌之乱平定后，特于天山之顶立功德碑（现已移至巴里坤县博物馆），同时在此建庙，供奉关公塑像。清朝平定准噶尔叛乱后，为保护边疆安宁，便将各族军民大批迁入屯垦戍边。多元文化的相互影响，使得关公崇拜得以在这里同样盛行，这对维系边疆地区的和谐与稳定，有着较好的作用。同治年间，驻哈密的大臣文麟为拓修哈密至巴里坤的通道，重修战乱中损毁的关帝庙于天山之巅。光绪八年（1882），哈密办事大臣明春再次重修。历官礼部主事、内阁中书的徐松写有一联，句云："赫濯震天山，通万里车书，何处是张营岳垒；阴灵森秘殿，饱千秋冰雪，此中有汉石唐碑。"生动贴切地写出了此庙的历史地位及特点。作为天山之巅的唯一庙宇，天山关帝庙已成为当地著名的一景。新疆的奇台，旧称古城子，位于县城东北20千米的西地镇东地村，有始建于乾隆五十四年（1789）、历时3年竣工的关帝庙，俗称乾隆大庙、东地大庙。与关帝庙同建的，还有城隍庙和娘娘庙，三座庙坐北向南，一字排开，布局连贯。令人遗憾的是该庙于同治四年（1865）毁于战火，仅存关帝庙中堂。到光绪十八年（1892）时，当地百姓又捐款集资兴建，使之恢复了早年的容貌。锡伯族原本是生活在我国东北地区的一个古老民族，辽宁沈阳的太平寺就是锡伯族于康熙四十六年（1707）建造的第一座寺庙，内中配祀就有关帝庙。乾隆三十一年（1766），锡伯族3000余人迁至新疆伊犁察布查尔一带驻防。崇仰关公的锡伯族同胞，到了新的聚居之地后，又相继建起了多座关帝庙，位于牛录乡北街的纳达齐关帝庙就是其中之一，始建于光绪三十三年（1907），保存较为完整，修复后更加吸引游人香客，这也是我国西部边陲最远端的一座关帝庙。

**台湾港澳关庙多**

如果说崇奉关帝圣君的根在大陆，那么在港、澳、台也有其繁茂的枝叶。目前台湾大大小小的关帝庙宇近400座，分布在宝岛的各处。台南关帝庙始建于明永乐年间，现存建筑为清康熙八年（1669）重修，为岛内的开基武庙。清雍正五年（1727）将其列入祀典，故

台北行天宫

又称祀典武庙。台北市行天宫，供奉关帝为主神，香火鼎盛，闻名全岛。另外，台中圣寿宫、高雄关帝庙、日月潭文武庙、宜兰礁溪协天庙等，也都是台湾关庙之佼佼者。与此同时，一些关庙还在不断扩建。如新竹普天宫就新塑"恩主公关帝大神像"，高达50米，极其壮观。2010年6月23日，台湾百家关帝庙的1800余名信众，携9轿、40余尊关帝神像首次渡过台湾海峡，到分灵入台的"祖庙"福建漳州东山关帝庙，与山西解州、河南洛阳、湖北当阳三大关庙的信众一道，为纪念关公诞辰1850周年，举行了规模盛大的谒祖进香活动。"东方之珠"香港，面积不大，却有10多座关帝庙。其中最著名的是位于太平山腰荷李活道的文武庙，始建于清道光年间，供奉"文圣"孔子和"武圣"关羽。有联云："乃圣乃神，德遍香江咸被泽；允文允武，恩敷粤海不扬波。"植入"香江"、"粤海"四字，便成了香港文武庙的专用联语。香港大澳关帝庙更为古老，创建于明弘治年间。香港较知名的关帝庙还有大埔文武庙、协天大帝庙、慈云山关帝庙等。澳门面积虽然更小，但同样也有建于清代的关帝古庙，位于市政广场一侧。2003年经过修整后，愈发引人注目。澳门三街会馆关帝庙有一联："荣居康乐境；宁享太平年。"虽未直接颂赞关公的英名伟业和道德品节，却以鹤顶格嵌所在地"荣宁"坊之名，以凝练简要的字句，充分体现了兴建关帝庙祈福求祥的真诚意愿，间接地表现了对所祀关公的钦仰与崇拜。

## 独具特色的会馆关庙

明清时期,山西商贾出于"联乡情,笃友谊,报神恩,承义举"的目的,陆续在异乡拼搏创业的各地,相继建起了颇具规模的晋商会馆。值得注意的是,这些会馆,包括与陕西商人共建的山陕会馆,都有一个共同而又鲜明的特点,那就是均以关帝庙、春秋楼为会馆的主体建筑,把关公作为拜祭奉祀的主神。之所以这样做,远远超出了地域乡情这根纽带相系的范畴,而是"祀神明而联乡梓",突出了关公文化所蕴含的道德力量对众商行为的潜在震慑,从而对诚信晋商的形成起到了不可估量的作用。

### 三省商贾聚开封

开封位于河南省中部偏东豫东平原,其名始于春秋,寓"开拓封疆"之意,旧时也称大梁、汴州、东京等,是我国的六大古都之一。清乾隆三十年(1765)旅汴晋商始建会馆,地处闹市中心徐府(明代开国功臣徐达后裔府第)街。道光年间,陕商加入,易名山陕会馆。光绪末年,又有甘肃商人加入,定名为山陕甘会馆。会馆坐北朝南,门前有雕砖砌成的照壁,高约20米,长16.5米,厚0.65米,庑殿顶,上覆黄绿琉璃瓦。正面砖雕山石、人物、花鸟、博古等图案。背面正中嵌有一块5尺见方的石雕,外方内圆,浮雕双龙戏珠,衬以12条小龙盘绕。照壁东侧有门可入会馆院内,向北数十米可见东西对峙的钟鼓二楼，皆为重檐歇山顶，上覆琉璃筒瓦，正脊为行龙花雕，脊上置一大象驮葫芦宝瓶。沿中轴线向北，又见巍峨宏丽的牌楼高耸院中，为木质五楼三牌坊，中枢高耸，左右夹辅，飞檐参差，斗拱交互，一小亭凌峙牌楼正脊，左有狮拥莲台，右有象驮宝瓶。牌楼后向北10余米即为拜殿（正殿），由前后两部分组成。前为歇山顶，后为卷棚顶。皆为面阔五间，进深三间，中间有天沟连接，威武庄严，华贵绮丽。殿顶均覆以琉璃瓦，金碧辉煌，鲜莹耀目。脊前有四龙相对戏珠，脊后为四凤对穿牡丹，均为透雕。殿内有石供案一具，案前浮雕二龙戏珠，其下浮雕八仙庆寿。关羽神像前悬有"公平交易，义中取财"八个大字，以示馆内供奉关公，不单是祈求其神威护佑，更是以他的"诚信仁义"来规范自己的商业行为。两侧为东西配殿，内中雕刻以人物为主。凡佛教故事、传奇小说、戏剧场面中的人物，皆置于小巧玲珑的山水亭榭、庙宇楼阁之间，层次分明，生动逼真。整个会馆的砖雕、石雕、木雕巧夺天工，具有极高的艺术价值，为清代雕刻艺术的精品。开封山陕甘会馆已于2001年被国务院列入第五批全国重点文物保护单位。

**洛阳西馆焕然新**

洛阳位于河南省西部、黄河中游南岸，历史上先后有9个王朝建都于此，素有"九朝故都"之称。洛阳现存两座与晋商相关的会馆，第一座就是老洛阳人俗称"西会馆"的山陕会馆，位于洛阳南关菜市东街。清道光十五年（1835）《东都山陕会馆碑记》中记有在此设馆之缘由："东都之府，西接崤函，北望太行，为秦晋门户。"据碑文所述，当年建馆"十有余载而后成功"。依此推算，开工时间应该在康熙五十年（1711）前后，至康熙六十年（1721）整体框架和规模业已形成。会馆屡经修葺，至今看去，焕然一新，于2006年被国务院公布为第六批全国重点文物保护单位。殿宇房间计有"中正殿五间，关帝圣君拜殿五间，殿前牌坊一座，对面舞楼五间，照壁一座，东西门楼四间，配殿东西各三楹，官厅各三间，香火僧住屋四院，山门三间，修廊二十间"。琉璃照壁，为会馆中之一绝。洛阳人爱称其为"九龙壁"，实则是一座多彩釉陶和砖雕相结合而成的群体造型。照壁主体高7米，宽13.2米，基座高5米，其中心为二龙戏珠，两侧八仙护卫，整个照壁自上而下另有各种造型的龙雕20余条，壮观至极。会馆正中院内，屹立着一对雄伟的石狮，狮身高2.2米，基座1.2米，雄狮掌下玩一绣球，雌狮掌下抚一幼狮，两狮对视，引人入胜。在古都洛阳众多的石狮雕刻中，尤以这一对最为活灵活现，誉之独占鳌头，并不为过。中正殿和关帝圣君拜殿之间，屋檐几乎相接，形成一线天之奇景，同样引人注目。山陕会馆内的精品，还有就是中正殿内的三块包金匾额，分别为乾隆八年（1743）、道光五年（1825）、道光十六年（1836）所书并悬挂，上书"峻德参天"、"人伦师表"、"英风峻德"12个大字，均系对关帝圣君的由衷礼赞与虔诚推崇，内容凝练概括，笔迹苍劲浑厚，制作细腻精美，至今望去，依然金光闪耀，发人深思，堪称无价之珍宝。

## 更有东馆相呼应

洛阳的另外一处与晋商有关的会馆位于老城东关新街南头,因在西会馆之东,当地人俗称"东会馆"。这是清乾隆九年(1744),由山西潞安府(长治)和泽州府(晋城)的商人捐资兴建的。潞安、泽州都位于晋东南,与洛阳隔河相望。因此,在洛阳建会馆,是两地商人行商中原、经略江淮的必然选择。所建之初,即为关帝庙,供奉既是"武圣"又是"财神"的关公。后改名潞泽会馆,1987年更名为洛阳民俗博物馆,2001年被国务院公布为第五批全国重点文物保护单位。潞泽会馆的建筑规模、风格与同城的山陕会馆极其相似,一西一东,遥相呼应,布局严谨,环境清幽,为古都增色不少,也是洛阳市的主要旅游景点。潞泽会馆是豫西地区保存较完整、规模最宏大的古建筑群之一,呈左右对称、轴线分明的特点,主体建筑有大殿、后殿、舞楼、钟鼓楼等。大殿为重檐歇山式,面阔五间,进深五间,内外檐柱共32根,柱础石由三层石雕组合而成,尤以门前6柱的雕刻最为精美。后殿为单檐歇山式,素脊饰顶,琉璃瓦剪边,面阔七间,进深二间,两侧又有东西配殿各三间。舞楼为二层重檐歇山顶,面阔五间,进深三间,三组石柱础系金睛兽、狮子、麒麟分别驮莲花瓣,造型生动,技艺精湛。舞楼金柱上有联曰:"人为鉴稽古为鉴且往观乎;鼓尽神皆舞尽神必有以也。"会馆木构件上多施彩绘,正殿、舞楼以龙凤图案为主,钟楼、鼓楼、后殿及配殿以花卉图案为主,廊房则以关羽的生平故事为主。馆内还存有《关帝庙新建碑文》、《修建关帝庙潞泽众商布施碑记》、《山西潞泽众商布施关帝庙香火地亩碑记》以及《老税数目志碑》，这几通碑，对关帝庙的兴建始末有详细记载，充分表明了潞泽众商对关帝圣君的无比敬重与钦仰，同时也见证了他们为合理税收所进行抗争的历史事实，极具文献价值。

**壮哉斯馆社旗镇**

据有关资料介绍，在全国现存80余座会馆类古建筑群中，河南社旗山陕会馆以其建筑规模最宏伟、保存最完好、装饰工艺最精湛、商业文化最丰富等特色，早在1988年就被国务院公布为全国第三批重点文物保护单位。社旗镇原名赊旗店，为河南四大名镇之一。清代时，这里"南船北马，总集百货"，是热闹异常的水陆码头、名副其实的交通要冲，民间有"天下店，数赊店"之称。清乾隆二十一年（1756），旅居此地的山西、陕西两省的富商大贾，筹集资金始建会馆于闹市中心最繁华的磁器街。兴建过程中，"运巨材于楚北，访名匠于天下"，连烧制琉璃瓦的瓷土，都是专门从山西用骡马驮来的。最终历时136年，直到光绪十八年（1892）才全部竣工，其建筑风格和木石雕刻，均可称清代之最。因为当初兴建的目的本来就是"敬关羽，崇忠义，叙乡谊，通商旅"，所以会馆建成后，人们依然习惯称其为关公祠。会馆门前左右两侧的铁制旗杆，高20余米，共重5万余斤，实属全国现存古建筑铁旗杆之最。馆内的照壁仿北京九龙壁而建，金碧辉煌，光彩夺目。除诸多吉祥图案外，正中横书"义冠古今"四个大字，两侧有联一曰："浩气已吞吴并魏；麻光常荫晋与秦。"二曰："经壁辉光媲美富；羹墙瞻仰对英灵。"充分表达了山陕众商对关公的仰慕敬重之情，同时也由衷表明了以关公为楷模、崇尚信义而经商的决心。另有戏台悬鉴楼，相传三字系傅山所书。大殿和拜殿合称大拜殿，为会馆的主体建筑，暖阁内供奉有关羽的牌位，配以联曰："大义秉乾坤，无愧馨香百代；精忠贯日月，蕴育俎豆千秋。"春秋楼毁于咸丰七年（1857）的战乱。现今在原有的遗址上，复建了巨型的青石月台，高5.5米，上面竖立了关公读春秋的铜像，用8.5吨黄铜铸造而成，高6.8米，威武雄壮，令人钦仰。

### 山陕会馆在聊城

山东聊城山陕会馆在城区的南部，运河西岸，是秦晋商人为"祀神明而联桑梓"于清乾隆八年（1743）始建的，历时66年才全部竣工，是历史上聊城商业发达、经济繁荣的见证。整个建筑群包括殿阁堂楼共计160余间，布局紧凑，错落有致，连接得体，飞檐挑角，画栋雕梁，装饰华丽，金碧辉煌，1988年被国务院公布为第三批全国重点文物保护单位。山门三间，东向，牌坊式门楼，绿琉璃瓦覆顶，如意斗拱承托，砖砌垂花门罩，中间两柱正面阳刻楹联，字体雄浑，句云："本是豪杰作为，只此心无愧圣贤，洵足配东国夫子；何必仙佛功德，惟其气充塞天地，早已成西方至人。"特意将山西的"武圣"关公与山东的"文圣"孔子相提并论，共同颂赞。门内前部为戏楼，两层飞檐，前后左右各出歇山，成十二翼角，正面石刻匾额题"岭楼凝翠"四字。两旁有钟鼓楼，重檐十字脊，呈展翅高耸状。正殿亦称关帝大殿，殿前有方形石柱四根，刻有歌颂关羽的楹联两副，一曰："非必杀身成仁，问我辈谁全节义；漫说通经致用，笑书生空读春秋。"二曰："伟烈壮古今，浩气丹心，汉代一时真君子；至诚参天地，英文雄武，晋国千秋大丈夫。"檐廊正中匾额为"大义参天"，献殿内匾额则书"富国裕民"，将关公既是"武圣人"，又是"武财神"的崇祀一并标明。复殿偏后暖阁前供奉有身着龙袍、俨然帝王气魄的关圣帝君雕像，"道续尼山"、"义秉麟经"的匾额，进一步体现了关公文化与儒学思想的密切关系。春秋阁是馆内最后边、最高大的殿宇。阁左右各附设一座望楼，券门上扇形匾额，南曰"接步"，北曰"登阶"。春秋阁内有关公的大幅画像及其生平故事连环绘画。聊城山陕会馆不仅对研究会馆文化、关公文化有重要意义，同时对研究古代建筑史、商贸史、戏剧史、运河文化史以及清代资本主义萌芽因素的产生等，也具有极高的史料价值。

## 姑苏风光曾占尽

余秋雨在《抱愧山西》写道："苏州有一个规模不小的'中国戏曲博物馆'，我多次陪外国艺术家去参观，几乎每次都让客人们惊叹不已。尤其是那个精妙绝伦的戏台和演出场所，连贝聿铭这样的国际建筑大师都视为奇迹，但整个博物馆的原址却是'三晋会馆'，即山西人到苏州来做生意时的一个聚会场所。说起来苏州也算富庶繁华的了,没想到山西人轻轻松松来盖了一个会馆就把风光占尽。"余秋雨所说的"三晋会馆"实为全晋会馆,最早建于清乾隆三十年(1765),在虎丘山塘街,后被毁。光绪五年(1879)重建,位于苏州平江路中张家巷。会馆占地面积约6000平方米,中路建筑是会馆的主体,富丽堂皇,气势雄伟,有门厅、吹鼓楼、戏台与内置关公像的大殿,是当年晋商们举行庆典和娱乐活动的场所。西路建

苏州全晋会馆

筑庄重朴实，其中楠木厅和鸳鸯厅为昔日晋商交流商情、相互借贷、调剂资金的洽谈之地。修复后的歇山顶会馆门厅宏伟轩敞，光彩夺目，这是一座典型的清代砖木雕饰建筑。众多雕塑内容皆涉及《三国演义》故事，如"千里走单骑"、"古城会兄弟"等，都着意推崇关公的"忠勇仁义"。戏台是会馆古建筑群的精粹所在，台面高出地面约2.7米，边宽约65米，围以栏杆，形成36平方米左右的正方形。歇山顶覆盖黑色筒瓦，龙吻脊，飞檐翘角，檐口额枋缀饰浮雕，有金狮倒垂、牡丹怒放、二龙戏珠、双凤对翔等，俊秀柔美，生动逼真。顶部正中以无数木雕构件组合成半球形内旋式穹窿藻井，与四方形的戏台对照呼应，构成天圆地方、静中蕴动的寓意，同时还巧妙地解决了声波反弹折射的问题，产生了余音绕梁的特殊音响效果，使人由衷地钦佩建造者的聪明才智和精湛技艺。2003年11月22日，"中国昆曲博物馆"又正式在全晋会馆挂牌成立，接着又于2006年被国务院公布为第六批全国重点文物保护单位。

**晋境胜地现多伦**

多伦县位于内蒙古高原南端，今属锡林郭勒盟锡林浩特市管辖，是内蒙古和河北的交通要冲，也是早年旅蒙商人活动较早的地方。据历史资料记载，多伦城商业鼎盛时期注册的商号多达4000余家，其中山西商号占到1/4，所拥有资产却占到一半以上。清乾隆十年（1745），旅居多伦的晋商集资在县城西南角兴建了伏魔宫，因其供奉的主神是关羽，所以当地人又称关帝庙，后改为山西会馆。这是一处典型的呈现关公文化和黄河文明的建筑群，不仅是当年诚信晋商在多伦地区艰苦创业的缩影和见证，还是忠义之将吉鸿昌奋勇抗日的前线指挥部所在地。正因此，多伦的山西会馆是极具价值的宝贵文化遗产，于2006年被国务院公布为第六批全国重点文物保护单位。会馆建筑规模宏大，布局紧凑合理。正门俗称过马殿，拱形门楣上写有"晋境胜地"四字。馆内正殿供奉身着战袍的关公塑像，手捋美髯，神态庄重，正气凛然，令人钦仰。东侧是怀抱宝剑、手托大印的关平，西侧是手持青龙偃月大刀的周仓。会馆建筑最有特色的是戏楼，高约10米，底座全由长方形条石砌成，呈"凸"字形，高约2.7米。结构精巧，气势不凡。戏楼与太原晋祠戏台同名，亦称"水镜台"。"水镜"指清水和明镜。《三国志·蜀志·李严传》"故以激愤也"，裴松之注引晋习凿齿曰："水至平而邪者取法，镜至明而丑者无怒，水镜之所以能穷物而无怨者，以其无私也。"用为戏楼名，正是期望观者从所演关公戏中获得教益。东西配殿内的壁画也是馆内一绝，所绘以关羽的感人故事为主线，每幅画的注脚上都标有商号捐助的银两数目。此外，北京、天津、汉口、襄樊、亳州、海城、张掖等地的山西会馆也保存尚好，对于进一步研究关公文化与晋商文化的关系，有着宝贵的价值和重要的意义。

# 编 后 语
BIANHOUYU

  《山西八大文化品牌》一书是山西人民出版社2011年出版的一部关于山西文化品牌建设的研究性著述，具有很高的学术文化价值。该书出版后，深受各界好评。现在，应广大读者的要求，我们将山西八大文化品牌分册出版，以便阅读使用。

  这套丛书是一项集体成果，为了较全面、准确地勾勒出八大文化品牌的内涵和外延，各分册均牢牢把握住"品牌定位"、"品牌内涵"、"品牌亮点"等三个基本内容进行探讨和论述，力求使全套书成为一个有机的整体。

  在编著这套丛书的过程中，我们得到了山西省委宣传部和山西人民出版社的指导和支持。山西省委常委、省委宣传部部长胡苏平非常重视丛书的编写，提出明确的要求，并为丛书作序；山西省作家协会党组书记、主席（时任山西省委宣传部副部长）杜学文对丛书提出具体的指导意见，并进行了审定；省委宣传部副部长刘英魁对丛书出版给予了大力指导和支持；省委宣传部计协秘书处处长武献民在探讨各分册理论问题方面倾注了心血，审阅了全部书稿。对此，我们表示诚挚的感谢！

  为编写这套丛书，我们邀集了一些领导和专家多次研讨，集思广益，力求不负众望，写出水平。但是，由于八大文化品牌此前的理论基础薄弱，写作多为原创，难度很大，虽经大家相互切磋，苦心研究，丛书仍然会存在遗漏、浅薄甚至谬误之处。我们希望丛书能够得到领导、专家以及读者的批评和指正，使山西八大文化品牌的理论研讨向纵深发展，并在实践活动中取得良好的社会效益和经济效益。

### 图书在版编目（CIP）数据

关公故里/古熙著.—太原：山西人民出版社，2016.1
（山西八大文化品牌丛书）
ISBN 978-7-203-09348-0

Ⅰ.①关… Ⅱ.①古… Ⅲ.①关羽（160~219）—信仰—文化研究 Ⅳ.①B933

中国版本图书馆 CIP 数据核字（2015）第 263844 号

**关公故里**

| | |
|---|---|
| 著　　者： | 古　熙 |
| 责任编辑： | 翟丽娟 |
| 装帧设计： | 谢　成 |
| 出 版 者： | 山西出版传媒集团·山西人民出版社 |
| 地　　址： | 太原市建设南路21号 |
| 邮　　编： | 030012 |
| 发行营销： | 0351-4922220　4955996　4956039　4922127（传真） |
| 天猫官网： | http://sxrmcbs.tmall.com　电话：0351-4922159 |
| E—mail： | sxskcb@163.com　发行部 |
| | sxskcb@126.com　总编室 |
| 网　　址： | www.sxskcb.com |
| 经 销 者： | 山西出版传媒集团·山西人民出版社 |
| 承 印 者： | 山西出版传媒集团·山西新华印业有限公司 |
| 开　　本： | 787mm×1092mm　1/16 |
| 印　　张： | 8.75 |
| 字　　数： | 90千字 |
| 印　　数： | 1-2 000册 |
| 版　　次： | 2016年1月　第1版 |
| 印　　次： | 2016年1月　第1次印刷 |
| 书　　号： | ISBN 978-7-203-09348-0 |
| 定　　价： | 49.00元 |

**如有印装质量问题请与本社联系调换**